Être en vie

DU MÊME AUTEUR

Les Pages arrachées, *Verdier, 1995*
Passion de famille, *Verdier, 1997*
Sœurs, *Verdier, 1999; J'ai Lu, 2012*
Matriochka, *Verdier, 2002*
La Bête dans le cœur, *Denoël, 2007*
Quand la nuit, *Grasset, 2011; Le Livre de Poche, 2012*
Lucy, *Grasset, 2015; Le Livre de Poche, 2018*

Cristina Comencini

Être en vie

roman

Traduit de l'italien par Dominique Vittoz

Stock
la cosmopolite

TITRE ORIGINAL :
Essere vivi

Illustration de bande : Martha Schuster / Trevillions Images

ISBN 978-2-234-08321-9

Aux enfants qui ont vécu deux vies,
c'est-à-dire tous.

BASIL : Apprends-moi à danser, tu veux ?

ZORBA : Danser ? Tu as dit danser ? Viens, jeune homme, dansons ensemble ! J'ai tellement de choses à t'apprendre ! Je n'ai jamais aimé un homme autant que toi... Dis, as-tu déjà vu plus belle catastrophe ? Ça te fait rire ? Alors ris !

Zorba le Grec

Comment suis-je arrivée ici, sur ce balcon face aux vestiges ? Je voudrais le comprendre avant de rentrer chez moi, quand l'autopsie des corps de ma mère et de son compagnon sera achevée. J'ignore combien de temps cela prend à Athènes et ne le saurais pas davantage en Italie : je n'ai jamais dû attendre de résultats d'autopsie. *Autós*, même, et *opsía*, vue, voir de ses propres yeux la cause d'une mort, c'est aussi le but de mon voyage.

Je regarde la pyramide de pierres lointaine sous le temple, carré et inébranlable comme la plus forte de nos croyances. Je n'ai pas toujours eu mes yeux d'aujourd'hui, ils ne voyaient pas avec précision, saisissant les objets et les visages de façon confuse, les contours m'apparaissaient indéfinis et s'estompaient toujours en rêves ou visions. Dans un musée pour enfants de notre ville que je fréquente avec les miens les samedis de pluie, on trouve des dispositifs qui reconstituent la perception du monde des chats, des lapins, des oiseaux en vol. Il faudrait que je fabrique ce genre d'instrument pour montrer ce qui m'entourait tel que je le voyais avec mes yeux embués d'autrefois, en partie inconscients et incapables de discerner la cause de ses effets, les ennemis, les amis, le chaud, le froid, la peur.

Je boite, ma seconde mère expliquait à tout le monde que j'avais eu un accident quand j'étais petite.

« Une voiture qui roulait trop vite, on marchait sur le trottoir, la petite a été percutée… Elle est tombée, on l'a opérée, mais elle a gardé une jambe plus courte. »

Seule l'opération est vraie, il y en a eu beaucoup : je suis le résultat de reconstitutions compliquées, d'interventions médicales, de rééducations corporelles et mentales qui ont produit la femme que je suis aujourd'hui. Ma jambe plus courte, je la porte comme un trophée et un souvenir. Par temps humide, elle me fait mal et c'est une jouissance. Mon mari l'aime aussi, l'érotisme est incompréhensible pour la partie la plus lucide de notre cerveau. Ma jambe plus courte est dotée de mémoire, de sensibilité, de finesse. Elle sait que ma vie présente n'est pas celle où je suis née, qu'aujourd'hui elle boite, mais qu'avant elle rampait, que mes chaussettes étaient trouées, mes chaussures déformées et inutiles parce que je ne marchais pas. Mais elle a conservé de cette époque, plus que moi qui en ai honte, la douleur et la nécessité des origines.

Mon père et ma mère m'ont adoptée quand j'avais six ans, mon mari le sait, mais pas mes enfants, qui sont encore petits. Je n'ai jamais raconté à personne les souvenirs de l'existence à laquelle ils m'ont enlevée, j'ai toujours fait semblant d'avoir tout oublié. Le nouveau-né sur la commode dans la chambre de mes parents – où mon père dort seul depuis qu'elle l'a quitté –, c'est moi. La seule photo qui me soit parvenue de ces années de misère et de violence. J'imagine qu'elle leur a été donnée par quelqu'un de ma vie d'avant. Elle est froissée, même si ma mère l'a sûrement repassée avant de l'exposer. Les mains de la femme qui me porte sont coupées, on ne voit qu'une partie de son avant-bras robuste. Tout le monde a disparu dans l'incendie de notre maison, masure, baraque, caravane. Aucune information n'est certaine, mais les sensations enregistrées et stockées dans cette partie de moi que je cherche maintenant à exhumer sont plus puissantes que les albums photo que ma mère a collectionnés pour effacer six ans de vide.

Mon histoire se partage en deux segments séparés, sans communication, mais la première pièce où s'est déroulée ma vie, celle du nouveau-né sur la commode, et la dernière, celle qui donne sur ces vestiges de l'histoire collective, avec les draps par terre, les vêtements en boule, le plateau du dernier dîner, le matelas où gisaient leurs corps que la police a emportés, appartiennent, pour impossible que cela paraisse, à la même maison.

La terre désolée

À la porte de la masure, l'homme qui était mon père pendait une veste. Araignées et fourmis sortaient des manches, de l'encolure et, par les interstices du bois, les fissures du sol, filaient jusqu'à moi dans mon coin. Je criais, le coup arrivait, avec lui la douleur, puis le silence. Le cri emplissait mes poumons, le coup chassait ma peur, dans le silence à nouveau j'étais tout.

Leur lit occupait l'angle opposé. À mi-chemin, sur la table, ma mère étendait un matelas pour mes frères, ils étaient peut-être deux. Avec le temps, j'ai distingué le matelas du pain qu'elle y tranchait, des ingrédients qu'elle y pétrissait. Je ne nommais rien, j'utilise aujourd'hui des mots que j'ai appris plus tard. Là-bas, je n'en avais pas besoin. Je voyais des mouvements, des gestes, j'écoutais. Je distinguais la musique de leurs voix. Celle de ma mère montait vers le plafond, retombait sur moi comme une couverture. La journée, quand tout le monde partait, j'imitais son chant. La musique de mon père, de mes frères, m'arrivait par les pieds, tel un coup de fouet, je frappais le sol en suivant son rythme. Personne ne me parlait, personne ne m'apprenait rien. De temps en temps, ma mère me déshabillait, dans l'eau elle me disait un mot, BELLE, me pinçait les bras, approchait son visage, et alors son odeur, celle des ingrédients pétris sur la table, me donnait envie de la manger. Je mordais au lieu d'embrasser. Je ne savais ni embrasser, ni marcher, ni parler. J'en avais l'âge, mais la tête ne suivait pas.

Ma seconde mère étendait un voile sur mes six premières années loin d'elle. Mes questions suscitaient ce genre de réponse :

« Un retard de croissance et tu avais les pieds bots, peut-être déformés à l'accouchement... Personne ne t'a soignée. »

Là-bas était l'endroit à oublier, à enfouir sous de jolies fables, sous des supercheries.

Mon mari est médecin. Une des premières fois où nous avons fait l'amour, alors que je m'étais empressée de cacher mes pieds sous le drap, il les a pris entre ses mains : il a examiné mes cicatrices, m'a questionnée sur les opérations. Je me suis prêtée à sa curiosité et j'ai répondu, peut-être parce qu'il me touchait empli de désir et non de pitié. Le récit de ma mère ne lui semblait pas très fiable, de même que sa vérité fragmentaire.

« Je pense que tu as souffert de paralysie infantile, légère peut-être, et que tes premiers parents n'avaient ni les moyens ni les informations pour te soigner. En tout cas, ta mère a accompli un miracle… »

Giacomo a toujours pris son parti, y compris quand elle a quitté mon père. Chaque fois que je voulais lui expliquer qu'elle avait tenté de me cacher mes origines, qu'elle avait voulu me modeler, il prenait sa défense. Giacomo croit à la volonté, aux soins médicaux. À l'hôpital, derrière son bureau, il a encadré le deuxième alinéa du serment d'Hippocrate :

Mon premier souci sera de rétablir, de préserver ou de promouvoir la santé dans tous ses éléments, physiques et mentaux, individuels et sociaux.

Ma mère et mon mari ont en commun le goût de l'action. Je l'ai peut-être choisi parce qu'ils se ressemblent, même si, aujourd'hui, c'est précisément son énergie toujours positive, sa patience, son sens pratique qui me crispent.

« Le jour où nous t'avons emmenée, nous sommes allés voir les décombres de la maison incendiée. Ce n'était pas une vraie maison, plutôt une étable, une grange. Devant les murs noircis, il y avait un grand pommier en fleur. Après, quand tu en voyais un, tu le contemplais sans bouger, comme s'il te parlait. »

Ma seconde mère était poétique et sentimentale ; dans les histoires qu'elle me lisait, les arbres parlaient, les petites filles étaient des fées, qui cueillaient des bouquets pour leurs mamans et gardaient dans de petites boîtes peintes des grillons et autres insectes morts.

En revanche, dans l'étable, près du pommier, les insectes se promenaient tranquillement par terre. Ça me chatouillait sous la langue avant que je les avale.

Tous les jours, en partant, ils fermaient la porte et il n'y avait plus de lumière, alors je sortais de mon coin à quatre pattes et entamais ma tournée : les pieds de la table et des chaises, de vieilles chaussures, du linge sale, le drap de leur lit, le matelas roulé, le seau en plastique avec le produit et la serpillère. Je traînais mes pieds inutiles, les frappais pour qu'ils bougent, me dressais, mais retombais par terre. Mes gros orteils se touchaient et mes ongles poussaient de travers, quand ma mère les taillait, ça me faisait mal. Je ferme les yeux et cherche son visage pendant qu'elle me coupe les ongles ou me plonge dans l'eau. Dans l'obscurité, sous mes paupières, il n'y a que des traits épars : la bouche d'un côté, les yeux de l'autre, le nez dans le menton. De mon père, je connais sa veste et, la nuit, sa main : elle est aussi grande que mon corps entier et apporte douleur et plaisir. Mes frères dorment enlacés sur le matelas ; le jour, ils se bagarrent dehors, où je ne suis encore jamais allée, en poussant des cris de bêtes. Quand on m'enferme, je tape contre la porte et le chien me répond. Sa voix à l'extérieur m'empêche de me sentir seule.

Ce chien n'est pas comme celui de mon histoire préférée, qu'on me lisait dans ma deuxième maison, quand j'avais les cheveux longs et une queue-de-cheval. Sur l'illustration de ce livre, des enfants bien habillés déballent un cadeau au pied du sapin de Noël, ils trouvent un chiot, l'embrassent et il remue la queue. Puis ils l'oublient et le perdent dans la campagne sous la neige.

Le chien de mes origines est un gémissement derrière la porte. Je m'enroule dans la serpillère qui sent le pipi, le sol, le pain. La même odeur qu'à l'école, quand je vais chercher les enfants, je la respire profondément, elle ne part pas, même si on frotte pendant des heures.

La serpillère sur la tête, je ferme les yeux tandis que, dehors, il gémit, brisant le silence. Je respire à fond et je me sens… aujourd'hui je dirais *heureuse*. Là-bas, je ne connaissais pas encore les alternatives : vivante/morte, heureuse/malheureuse, riche/pauvre. J'étais… Qui étais-je ? Serpillère, odeurs, chien.

Les coups arrivaient quand je criais ou n'exécutais pas ce que mon père me demandait :

« Combien il y a de doigts ? »

« Répète : papa. »

« Répète : maman. »

Il m'avait assise sur la table, d'où je découvrais un paysage nouveau : le dossier des chaises, les oreillers de leur lit, l'écran de la télévision allumée, les bouches de mes frères qui riaient quand mon père me donnait une gifle en me traitant d'IDIOTE. Il me gardait encore un peu là-haut avec eux tous, caressant pour me consoler la joue qu'il avait frappée, même si je ne pleurais pas. Ils regardaient la télévision et, moi, je les observais.

BELLE, IDIOTE. J'avais ces deux mots en tête, alors que je ne savais pas les répéter. Je saisissais beaucoup d'autres choses, comme la TRISTESSE sur leurs visages quand ils mangeaient en silence. Je grandissais et même en restant par terre je pouvais suivre l'aller-retour régulier des avant-bras vers les bouches. La télévision était pour moi une fenêtre comme celle que j'atteignais désormais en grimpant sur une chaise.

Dehors j'avais découvert les branches noires et nues du pommier et enfin vu le CHIEN. Quand eux tous partaient, lui et moi on ne se perdait pas du regard. Moi sur l'appui de la fenêtre, lui à côté d'un gros tas de bois. Je l'appelais, il sautait, aboyait, mais une raison inconnue l'empêchait de quitter sa place. Comme moi, il n'arrivait pas à marcher.

Ma mère ne me donnait plus la becquée. De temps en temps, ils m'installaient sur une chaise haute bancale, me collaient une assiette sous le nez et, pendant que je mangeais, j'avais le temps de me remplir les yeux. J'aimais surtout le vase à fleurs rose et bleu clair sur le meuble, la poupée. Ma mère faisait bouffer sa robe turquoise avant de la placer au milieu de leur lit. Moi, on m'avait donné un bonhomme de chiffon que je ne lâchais jamais.

« Tu le serrais contre toi quand nous t'avons emmenée. Je l'ai lavé, mais un jour il s'est déchiré. Ton père et moi avons pensé que c'était mieux ainsi. »

Je n'avais pas de poupées, ils croyaient peut-être que je n'aurais pas su quoi en faire. Ils avaient raison : je ne comprenais pas qui était la fillette immobile sur le lit de mes parents, tout comme m'échappait la nature du chien, du pommier, d'eux tous et de moi-même.

Si je m'approchais des objets, j'avais l'impression qu'ils venaient vers moi. Si je ne les regardais pas, ils disparaissaient, et je les redécouvrais à chaque fois. Si mon père, ma mère ou mes frères me battaient, je criais, mais je riais intérieurement parce qu'ils m'avaient touchée. S'ils m'oubliaient, je ne m'en apercevais pas. Je n'attendais rien, ce qui se passait était un fait, la simple démonstration de mon existence. Mais ma vie ne m'apparaissait pas ainsi, ces phrases sont déjà un raisonnement, des notions ordonnées, des sensations filtrées par l'esprit.

Le mot le plus proche du monde de mes origines est SEXE. Mais pas ce qui se passe avec un homme, pas le résultat d'un désir dirigé vers un but, mais un état du corps, des sens. Je vivais dans une orgie permanente, j'avais mal, mais j'ignorais la catégorie de la douleur. J'ouvrais les yeux tous les jours et la ronde commençait : pieds tordus, odeurs, coups, caresses, eau, pain, règles d'un jeu toujours possible. Les enfants qui jouent dans les maisons bombardées et rient parce qu'on les prend en photo sont ainsi. En les regardant, on peut éprouver de la peine pour cette JOIE déplacée, mais moi je ris avec eux et sais ce qu'ils ressentent. Même si vous les obligez à rester immobiles et attendre en silence, condamnés à ne bouger que deux doigts, les enfants traceront un monde dans l'air et l'habiteront.

Pour cette raison, la TRISTESSE était pour moi un mystère. Mon père et ma mère regardaient la télévision, s'habillaient le matin pour sortir, rentraient, mangeaient, se tortillaient sous les draps avant de s'endormir, mais leurs yeux étaient perdus dans le vague, comme derrière un oubli.

Quand ils sortaient de la pièce, franchissaient la porte, dépassaient le pommier et le chien, dans l'espace où ils s'évanouissaient et que la fenêtre n'encadrait pas, quelque chose se passait qui provoquait leur tristesse, il fallait y aller et découvrir le secret.

Ils semblaient heureux

J'ai pris une chambre dans le même hôtel qu'eux, j'aurais pu chercher ailleurs, mais je ne voyais pas pourquoi. Athènes est bruyante, tumultueuse, plus qu'avant peut-être : ça coûte moins cher désormais de venir ici. Ma mère et son compagnon étaient en Grèce depuis presque un an, et dans cet hôtel depuis deux mois. Je le tiens du propriétaire. Un homme petit, moustachu, des mains décharnées, des bagues prétentieuses.

Sa femme est une grande perche, il lui arrive à l'épaule et ça l'excite. Il a acheté cet hôtel en traficotant. Derrière le comptoir figure la photo de l'ancien propriétaire, ruiné par la crise. Ce ne peut pas être son père, il est gros, il ne lui ressemble pas du tout.

Le petit homme suit mon regard.

« C'est l'ancien propriétaire, M. Iconomu. Il a fait faillite, il avait acheté trop d'hôtels. J'ai pris sa succession, mais je laisse sa photo, ça donne une note familiale. »

Confirmant mes intuitions, sa femme paraît, une Allemande corpulente, plus grande que lui. Allemande, je n'y avais pas pensé !

La grande perche me serre la main, les yeux humides :

« Ils semblaient heureux, ils sortaient le matin, ils rentraient après dîner. Ce soir-là, pour la première fois, ils ont fait monter un plateau dans leur chambre. »

« Ce soir-là », ils ont dû le raconter vingt fois à la police et maintenant, pour moi, ils en font le récit en anglais. Lui avec l'accent grec, elle, l'accent allemand. On dirait un chœur, quand l'un s'arrête, l'autre enchaîne.

« Elle avait cassé un de ses talons, elle tenait sa chaussure à la main quand ils sont rentrés. Son mari..., l'homme qui était avec elle, la tenait par le bras, elle sautillait pour ne pas poser le pied par terre. Ils étaient bronzés. Ils sont montés dans leur chambre, ils ont commandé le dîner. Pas un bruit jusqu'à treize heures le lendemain, quand la femme de ménage est entrée dans la chambre. »

Je ne sais plus où j'en suis, partagée entre la colère et la pitié. Je voudrais retourner auprès de mon père, je sais que cette mort l'a secoué, même s'ils ne se voyaient plus depuis dix ans, peut-être pour cette raison même. Il n'a jamais cessé de l'aimer. Je lui ai téléphoné pour l'informer que je dois attendre les résultats de l'autopsie sur place. Mon père a écouté. C'est un homme qui parle peu, mais son silence et sa respiration me disaient qu'il était incrédule, désorienté comme moi, sauf qu'il souffrait.

Je n'avais pas vu ma mère depuis presque un an. La dernière fois, nous nous étions retrouvées au restaurant. Elle était arrivée, belle et pétillante, différente de la femme anxieuse qui m'avait élevée. Elle avait changé de style, pantalon et veste amples, chemise en lin à col mao, on aurait dit une jeune fille. Elle avait grossi, son visage était rond et juvénile ; elle s'apprêtait à partir avec l'homme pour qui elle avait quitté mon père dix ans plus tôt. Elle s'était assise, et tout son corps clamait la liberté et l'amour. Souvent, en parlant de lui, elle avait les yeux humides, comme quand j'étais petite et qu'elle me lisait une histoire : en cela elle n'avait pas changé. Elle s'apercevait toujours qu'elle avait trop parlé à la fin de notre rendez-vous, elle s'arrêtait deux secondes, puis, invariablement, j'avais droit à une question sur les enfants, sur Giacomo. Elle écoutait un petit moment – je ne racontais rien de vrai – avant de repartir vers le pays de la liberté et de la passion. Jamais la moindre question sur mon père.

Je parle d'elle avec ressentiment à cause de toutes ces années où j'ai subi les coups de téléphone muets de mon père tôt le matin, son apparition solitaire chez nous aux repas, ses efforts pour être affectueux avec les enfants et moi. En réalité, elle seule lui manquait et je ne pouvais ni la remplacer, ni la lui rappeler. Jamais personne ne nous a prises pour mère et fille, on aurait pu la croire suédoise, tandis que je suis brune et que j'ai le teint olivâtre. Quand elle n'avait pas envie de donner d'explications, elle déclarait : « Elle ressemble à son père. »

Je lui dois tout, c'est elle qui a voulu m'adopter, mon père s'en serait passé. Je lui dois aussi mon prénom. Je n'ai pas voulu connaître l'autre, celui de mes origines. À la maison, ma mère avait rangé les papiers de mon adoption en lieu sûr. L'adolescence venue, quand je l'interrogeais sur ma jambe plus courte et mon autre famille, elle me proposait de les sortir, de me montrer les preuves.

« Non, dis-moi toi. »

Alors elle s'asseyait et racontait. Jusqu'à mes dix ans, un conte de fées :

« Il était une fois une très jolie petite fille qui était restée toute seule et qui pensait : quand papa et maman viendront me chercher ? »

Puis la petite fille était devenue une adolescente et elle une femme insatisfaite, qui maigrissait, fumait, posait sur mon père le même regard que sur un objet lointain. Mes questions étaient dures, elle y répondait désormais par un récit réaliste :

« Une nuit, l'incendie s'est déclaré. Ta mère t'a sortie de la maison, puis elle est retournée éteindre le feu avec les autres. La bouteille de gaz a explosé, tuant tout le monde sauf le chien et toi. C'était une famille d'ouvriers agricoles de Campanie. Nous avions déposé une demande depuis des années, on nous a appelés un soir pour venir te chercher à l'institution. Tu ne savais pas marcher, tu n'articulais que quelques mots. Tu étais mignonne, les yeux verts, on t'avait coupé les cheveux à cause des poux, je t'ai prise dans mes bras, ton père a signé et nous t'avons emmenée. »

Elle marquait une pause.

« Quand j'étais jeune, mon livre préféré était *Les Hauts de Hurle-Vent*, alors je t'ai appelée Caterina, comme la petite fille qui a grandi dans la lande. »

Au restaurant, la veille de son départ, ma mère semblait être retournée dans la lande. Elle était différente de la femme qui m'avait fait opérer des pieds, appris à parler, à lire, et s'était obstinée à me faire rattraper mon « retard » en quelques années, contre toutes les prévisions des médecins et des enseignants. Ma mère et l'amoureuse vêtue de mètres de tissu surnuméraires partageaient une seule chose : la soif d'ACTION.

Alors que je dîne seule au restaurant de l'hôtel, la femme de ménage qui les a trouvés dans leur chambre s'approche.

Polonaise, elle embrasse tous les soirs la croix qu'elle porte à son cou. Elle a un fiancé en Grèce et un autre en Pologne. Elle culpabilise, ne l'a écrit ni à ses parents ni à son fiancé polonais. Elle a déjà fait l'amour avec le Grec, et pas avec le Polonais. C'est pour cette raison qu'elle baise sa croix.

En plus d'une jambe trop courte, le silence de mes six premières années m'a laissé cette faculté : je vois quelqu'un, sa façon de parler et de s'habiller, son regard, ses mains, le ton de sa voix, et alors les principaux événements de sa vie se mettent à défiler dans ma tête comme des grains de chapelet.

L'employée de l'hôtel veut me remettre la valise de ma mère et le carton à esquisses de son compagnon, le peintre. Dans la maison où il l'avait emmenée vivre, à la campagne, il n'y avait pas de tableaux aux murs. Ils étaient tous entassés dans son atelier. Elle me les avait montrés, un jour où nous étions allés leur rendre visite avec les enfants. Je ne leur avais accordé qu'un regard distrait, fascinée par la passion avec laquelle elle me les décrivait. Elle était devenue la compagne d'un artiste génial. De la même façon, mon père était génial tant qu'elle l'aimait encore, et moi aussi à l'époque de sa guerre contre mes origines, quand je comprenais tout et apprenais sans difficulté. Et c'était le cas pour toute nouvelle personne qui lui permettait de se sentir utile et sensible.

Il fait nuit, me voici de nouveau face à l'Acropole. La colline et la ville sont noires, les lumières n'éclairent que le temple qui se dresse dans l'obscurité. Je vois, à droite, leur balcon aux volets fermés. La police a fouillé leurs valises, mis la pièce sous scellés en attendant les résultats de l'autopsie. J'emporterai le corps de ma mère, mais ne sais que faire de celui du peintre et de ses dessins. À côté des esquisses de rochers, mer, églises blanches et ruelles, figurent aussi le dos et la croupe de ma mère. Je me représente sans difficulté l'employée polonaise cédant à la curiosité et ouvrant le carton, peut-être avec l'Allemande. Sur une feuille, entre les cuisses à peine ébauchées de ma mère, le peintre a dessiné la forêt sombre d'une origine qui n'est pas la mienne. J'imagine la façon dont il l'a regardée, touchée, pénétrée. En la scrutant, je perçois le désir de cet homme. Peut-être par jalousie, j'aimerais qu'elle ait été aussi mon seuil sur le monde.

La conscience d'avoir deux mères m'est venue à l'improviste. La première me remplissait de nourriture, la seconde de mots. Entre les syllabes – chai-se, ta-ble, fe-nê-tre, mai-son –, elle se désignait elle-même en articulant : ma-man. L'autre, celle aux bras robustes qui me battait quand je la mordais, revenait près de moi la nuit. Sa voix forte résonnait dans le silence de ma nouvelle chambre, parmi les jouets rangés sur les étagères, les livres de contes, les vêtements pliés dans la commode, m'emplissant de peur et de désir. J'avais une mère pour le jour et une pour la nuit. Maintenant que toutes deux sont mortes, elles se fondront peut-être en une seule personne. Je me suis endormie avec cette pensée.

Dans le sac de voyage que j'ai préparé après le coup de téléphone, je n'ai glissé que deux ou trois tee-shirts, pensant faire un simple aller-retour. Il m'a fallu quitter Salina, notre île. Sur l'aéroglisseur, je me suis retournée avant qu'on retire la passerelle et, de loin, j'ai fait un signe d'au revoir à mon mari et à nos deux garçons. Ils sont encore à l'âge où ils nous aiment, mais, entre leur père et moi, rien ne va plus comme nous l'avions rêvé en nous mariant. Quand j'étais étudiante en cinéma à Paris, j'ai assisté à une conférence de Gilles Deleuze. Il parlait avec sa petite voix rauque et sa respiration encombrée de fumeur. Quelques années plus tard, il s'est tué en se jetant de son balcon parce qu'on lui avait enlevé la trachée.

« Méfiez-vous du rêve de l'autre, parce que, si vous êtes pris dans le rêve de l'autre, vous êtes foutu », avait-il dit.

Une phrase dont je me suis souvenue confusément à d'autres occasions. J'ai souvent l'impression qu'il me faut correspondre au rêve de l'autre, de mes parents d'abord, qui m'avaient sauvée, puis de Giacomo et de nos enfants, mais je finis toujours par me persuader que ce n'est pas le cas. Il me reste de ces moments et de ces pensées floues la sensation que les autres savent mieux que moi quelle direction prendre.

Nous sommes assis, la veille de mon départ pour la Grèce, sous les deux citronniers de notre minuscule jardin. Nous avons éteint la chambre des enfants, mais ne sommes pas certains qu'ils dorment. Nous chuchotons des hypothèses, des raisons possibles, disséquons les termes que les policiers ont employés au téléphone. Je n'ai pas l'impression de parler de ma mère, il m'est impossible d'associer le suicide et sa vitalité.

De temps en temps, un énorme citron trop mûr chute à nos pieds. Jus, pulpe et pépins se répandent sur le sol.

« Ça bombarde ! » s'écrient dans la journée les enfants qui se penchent pour écraser les colonnes de fourmis en route vers le banquet. Quand je les vois dans ces moments-là, il me semble que mon enfance n'est pas si éloignée de la leur.

Après un silence, Giacomo murmure :

« On leur avait peut-être diagnostiqué une maladie...

– Oui, il me reste à espérer qu'elle avait le cancer, elle, parce que ce serait terrible qu'il l'ait poussée à mourir à cause de sa maladie à lui... Sans compter qu'elle ne m'a rien dit... »

Il se penche vers moi, me prend la main. Je ne le repousse pas. Je ne le repousse jamais, même si le naturel de ses gestes d'affection me hérisse de plus en plus. Moi je me sens en colère, incapable d'élan. Depuis quand suis-je ainsi ? Il me demande d'une voix douce :

« Veux-tu que je t'accompagne ?

– Non, je préfère que tu restes avec les enfants… »

Je sursaute à un bruit sourd près de ma chaise. Ce citron est énorme, mais rien ne s'écoule par la longue fente dans l'écorce spongieuse : il s'est vidé sur l'arbre.

Je sors d'un trait, sans réfléchir :

« Je n'ai pas à me sentir coupable, n'est-ce pas ? »

Il retire sa main, me regarde droit dans les yeux, une des raisons pour lesquelles je suis tombée amoureuse de lui.

« Coupable de quoi ?

– De ne plus réussir à l'aimer depuis si longtemps, de ne pas savoir lui être reconnaissante… »

Il réfléchit.

« On ne peut pas aimer quelqu'un uniquement parce que c'est votre mère. »

C'est tout Giacomo : sérieux, rationnel, la vérité ne l'effraie jamais. Il continue en regardant droit devant lui :

« C'est ce qu'on nous a appris, mais ça ne marche pas comme ça. On aime sa mère quand on pense à son enfance, au gosse qu'on était…

– Tu penses à la tienne ?

– Oui, entre autres… Mais, au fond, connaît-on jamais la femme qui est votre mère ? »

Il respire profondément et murmure :

« La pauvre.

– Tu as toujours eu un faible pour elle… »

À présent il me regarde.

« Oui, elle me plaisait, elle ne baissait jamais les bras. Je comprenais ton irritation : cette impétuosité, la fougue qu'elle mettait à vous embrasser, son hyperactivité... Ça t'agaçait, moi ça me la rendait sympathique. Le peintre, en revanche, j'ai dû le voir deux ou trois fois maximum, quel genre d'homme était-ce ? »

Je me lève, ramasse les écorces de citron.

« Je ne sais pas... On ne s'est jamais parlé, lui et moi. »

Il fait très chaud ce matin. J'ai passé une tunique en lin de ma mère, trouvée dans sa valise, elle est plus fraîche que mon tee-shirt et me protégera du soleil. Je me suis entouré la tête d'un de ses foulards. Dans une pochette en coton indien, j'ai trouvé ses crèmes, son parfum, sa brosse à dents, sa brosse à cheveux. Ce n'est pas le parfum qu'elle portait quand elle était avec mon père. Il était un peu âpre, celui-ci a des notes sucrées. J'en ai versé une goutte sur mon doigt.

Le propriétaire de l'hôtel fixe du regard le foulard et la tunique pendant qu'il m'indique où trouver un café qui ne soit pas pour touristes.

« À Anafiotika, le bar qu'ils fréquentaient, près de la galerie. »

J'ignore pourquoi il m'envoie là-bas, peut-être pense-t-il que je devrais enquêter sur leur mort, mais j'attends les résultats de l'autopsie, c'est tout, je partirai après : connaître les raisons de leur fin ne m'intéresse pas.

Je remonte la rue, ma bouteille d'eau à la main, entre les maisons blanches, les murs à la chaux, les portails bleus. Tous les villages de Méditerranée se ressemblent. À Salina, il y a une ruelle comme celle-ci, sur laquelle s'ouvre un local d'artiste : une chambre-installation, avec le lit dans un coin, une table chargée des reliefs du dîner, une rame par terre, une chaise bancale, une commode aux tiroirs ouverts. L'artiste ne l'habite pas, il la laisse toujours accessible, de jour comme de nuit, sans rien toucher. Un chien a crotté par terre, les mouettes y dorment, dehors les plantes grimpantes lancent leurs tentacules à l'assaut des murs. Je passe devant chaque fois que je peux, elle m'attire. Maintenant je pense qu'elle ressemble à la chambre où on les a retrouvés. Là aussi, la police a tout laissé en l'état.

« Madame ! »

Je me retourne, devant un bar, un garçon maigre m'a hélée en anglais.

« Sorry... excusez-moi, je vous ai prise pour quelqu'un d'autre... »

Il a quitté l'île où il vivait pour venir travailler à Athènes et s'affranchir de sa famille. Il est mignon et fragile, il embrasse sa petite copine sur le port, il languit d'avoir fini son service pour l'emmener danser.

« Je cherchais le café à côté de la galerie d'art. »

Il sourit.

« Alors vous y êtes ! La galerie est là, la porte rouge. »

De dos, avec la tunique et le foulard, il m'a prise pour ma mère.

L'établissement est frais, peut-être par contraste avec la canicule extérieure. Je défais mon foulard et m'assieds. Au-dessus de moi il y a un tableau : une barque bleu ciel abandonnée sur une plage de galets. Elle ressemble aux peintures du compagnon de ma mère, son style à larges coups de pinceau, entre Van Gogh et l'art de rue.

Je commande un café au jeune garçon et lui montre le tableau :

« C'est d'un peintre qui s'appelle Sebastiano ? »

Il acquiesce, étonné.

« Je suis la fille de la femme qui l'accompagnait. »

Le jeune garçon me lance un regard et s'éloigne. Quelques secondes plus tard arrive le propriétaire, un gros homme au visage perlé de sueur. Il montre le tableau et déclare dans un anglais rudimentaire :

« Sebastiano est un grand artiste… Ils sont partis sans nous avertir. »

Il me fournit des détails sur leur vie ici : ils passaient leur matinée au café, lui dessinant, elle lisant. Ils fréquentaient la galerie de Sophia, qui voulait monter une exposition des tableaux peints par Sebastiano en Grèce. Puis ils avaient décidé de partir.

Ma mère s'était mise avec un peintre du dimanche, elle s'est suicidée avec lui, mais le patron du café ne le sait pas encore.

« Vous ne ressemblez pas à votre mère, conclut-il.

– Non, à mon père. »

Au ton de ma voix, il comprend que ce n'est pas le peintre, il est gêné.

« Vous partez les rejoindre ?

– Non, le voyage est long. Je rentre en Italie dans quelques jours retrouver mon mari et mes enfants. »

Quelque chose lui échappe, mais il n'insiste pas, il va faire mon café. Je l'entends parler en grec à sa femme, qui est sortie sur le seuil de la cuisine et me regarde.

Ils sont gros tous les deux. Ils ont eu des enfants. Ils ont servi en salle. Jeunes et maigres autrefois, c'étaient, lui, un petit malin sans emploi, et, elle, la fille disgracieuse du cafetier; elle l'a fait passer derrière le comptoir et s'est casée. Mais il nourrit une passion pour l'art, ce qui explique son engouement pour le peintre, dont il a accroché les tableaux aux murs.

Pour lire à côté de ce génie pendant qu'il peignait, ma mère avait quitté mon père voici dix ans. Étudiante à Paris, je les avais laissés vivre seuls la fin de leur mariage. Comme cette fois, j'avais reçu un coup de fil.

« C'est bien si tu reviens pour Noël, maman est partie. »

Puis c'est elle qui m'avait appelée.

« J'ai quitté ton père, notre mariage ne marchait plus. »

Dans un autre restaurant où, comme toujours, je l'avais attendue, elle m'avait annoncé qu'elle était tombée amoureuse du peintre. Elle était arrivée tout excitée, m'avait embrassée et s'était assise à côté de moi, ôtant veste et manteau d'un geste théâtral.

« Tu es là depuis longtemps ? »

Les gestes de ma mère, intenses, pleins d'attentes semblaient dire : « Mesures-tu comme la vie est belle ? Comme elle est pleine ? Profites-en ! »

Dans ma tête, je complétais ainsi : « Surtout toi que j'ai sauvée de la misère et de la maladie. Tu dois être plus heureuse que les autres maintenant que tu es belle, en bonne santé, normale. » Et je massais ma jambe plus courte qu'elle aurait voulu oublier. Petite, quand je pleurais parce qu'on s'était moqué de moi à l'école, elle ne me cajolait pas, ne compatissait pas.

« Ça n'a pas d'importance, tu es belle. Les garçons te feront la cour, tu n'auras que l'embarras du choix. »

Pourquoi était-elle toujours survoltée ?

« Ton père te dira que je l'ai quitté pour un autre homme, mais ce n'est pas pour ça. Ou plutôt c'est aussi pour ça. Avec lui j'étouffais... Tu sais qu'il déprime. Il aurait dû se soigner, combien de fois lui as-tu conseillé de voir un médecin toi aussi. Il passe ses journées à la bijouterie. Sa petite promenade, son journal, un livre, la musique. Comme s'il avait déjà quatre-vingts ans ! Je ne peux pas... Ça fait des années que je ne peux pas. J'ai rencontré Sebastiano... »

Son regard se perdait au loin, à la poursuite d'un rêve, son rêve à elle ou à lui ?

« Il est un peu plus jeune que moi, il habite une maison à la campagne très mal agencée, où tout est à repenser. Le jardin, son atelier… »

Elle avait pris sa maison en mains, comme autrefois mon corps et mon esprit. Il fallait qu'elle la transforme en un bel endroit, harmonieux et fonctionnel.

« Je l'aide, j'ai quitté mon travail à la galerie… C'est là que je l'ai rencontré. Nous voulons faire plein de choses ensemble… »

À côté d'elle, je me sentais comme une petite vieille qui réfléchissait toujours à tout, qui avait du mal à se réveiller le matin et à trouver de l'allant.

« Tu es sérieuse et pessimiste comme ton père. »

Et pour m'insuffler énergie et joie de vivre, elle répétait un proverbe français : *Ce que femme veut, Dieu le veut.*

Au restaurant, elle avait décrit le génie et leur future existence entre voyages, peinture, travaux dans la maison à la campagne, amour, puis elle m'avait pris la main sur la nappe.

« Et toi, comment ça se passe à Paris ? Tu es contente ? »

Quelques années plus tard, elle demanderait :

« Comment ça va avec Giacomo, les enfants, le travail, tu es contente ? »

Elle n'était pas égoïste, au contraire, elle était généreuse et voulait mon bien, celui de mon père, de l'humanité entière. Elle parlait donc toujours d'elle en premier, afin de montrer l'humeur avec laquelle il convenait d'être au monde. À la fin seulement, elle demandait aux autres s'ils étaient heureux.

Adolescente, je me réveillais le matin au son de sa voix enjouée annonçant la belle journée et l'avenir radieux qui m'attendaient.

La croûte exposée au-dessus de ma tête ne vaut pas le café qui, lui, est dense et savoureux. J'ai fonctionné en opposition à ma mère toute ma vie et avancé sans trop d'attentes, en m'ouvrant lentement à l'enthousiasme.

Autrefois, dans la maison incendiée, c'était différent.

Le pommier a changé de couleur

Il fait chaud, je transpire. Je me traîne sur le sol brûlant, je connais chaque recoin, chaque objet. Je ne marche pas, mais possède une vue et un odorat puissants. Je joue à fermer les yeux et reconnaître ce dont je m'approche à l'odeur : le tablier de ma mère, la hache de mon père qui sent le bois. Ils n'imaginent même pas que je puisse me blesser. Ils me laissent à l'intérieur et s'en vont. Dans un trou du mur, j'ai déposé les fourmis que j'écrase sous mon doigt, j'en mange une de temps en temps en récompense, par exemple si je fais le caca qui sent le plus mauvais du monde parce que je sais qu'à leur retour l'odeur les fera pester.

Dès qu'ils rentrent, ma première mère me file une claque et laisse la porte ouverte pour aérer. Alors je vois de plus près le pommier et le chien, et je comprends pourquoi il ne peut pas bouger : il est attaché à l'arbre. Il saute, aboie, tire sur la corde qui lui scie le cou, mais sans résultat, comme moi quand je tente de me dresser sur mes jambes.

Un matin, le pommier a changé de couleur, de noir il est devenu blanc, et il y a une pointe rouge feu entre les pattes du chien. Les hommes de la famille rient en le regardant, puis ils s'esclaffent devant ma bouche ouverte. Mon père me prend dans ses bras et me sort. Ma mère n'est pas d'accord, mais il lui crie : « Tais-toi ! »

Après que mes nouveaux parents étaient venus me chercher, je revoyais le soir en m'endormant dans ma chambre sous la couverture rose et chaude ce moment où j'avais découvert le monde. J'ai peut-être élaboré l'histoire au fil des années, l'ordonnant comme un récit, mais je n'ai inventé ni l'arbre ni le chien.

La pointe rouge entre les pattes m'attire, je la montre du doigt et mon père se penche pour que je la voie mieux. Je suis ivre de l'haleine du chien, de sa frénésie – il aboie, remue la queue, me lèche, se contorsionne. Mon père le frappe et il se couche, docile comme moi quand il me corrige. On m'assied à côté du chien, je touche ses pattes, ses ongles noirs, sa truffe humide, je lui tire les oreilles. Il me lèche à nouveau le visage.

Le soir, dans mon coin, je les vois échanger leurs avis sur ma première sortie.

Le lendemain matin, mon père et mes frères plantent des bouts de bois dans la terre et installent un grillage autour du pommier et du chien. Ma mère me prend dans ses bras pour me déposer à l'intérieur, comme dans un parc pour bébé. Elle m'adresse des paroles incompréhensibles qu'elle accompagne d'une gifle préventive. Le grillage ne possède qu'une ouverture, du côté de la maison. Dès qu'ils sont partis et que je suis seule, je me réfugie à l'intérieur. Le pommier en fleur, le chien qui saute, l'odeur de la terre sèche, le CIEL, composent un monde trop grand pour moi. Je n'en connaissais qu'un rectangle à travers la fenêtre. Maintenant je peux lever les yeux vers l'étendue sans limites au-dessus de ma tête, mais j'ai peur, comme mon fils aîné à deux ans devant la mer, et je réintègre ma prison en rampant.

Je me couvre le visage de mes mains devant l'horreur de la liberté, puis lentement j'écarte deux doigts. Je cadre les racines de l'arbre, la langue pendante, le nuage de poussière autour des pattes et les YEUX.

J'ai lu que les enfants ont pour premier miroir les yeux et le visage de leurs parents. Moi, JE me vois pour la première fois dans les yeux d'un chien. Il comprend mes cris, répond à mes sons en aboyant. Il me regarde : viens par ici ma jolie, approche donc. Je passe de ses yeux larmoyants au pinceau rouge logé entre ses pattes. Je rampe vers lui sans m'en apercevoir, quelque chose me pousse à sortir. Si j'avais été à cette époque la femme que je suis maintenant, je dirais que le chien m'avait excitée.

Me voici à côté de lui et il se calme. Il attend le contact avec de brefs gémissements, la corde tendue autour du cou. Je m'approche et lui donne un coup de poing. Il gémit plus fort, mais ne réagit pas. Je le frappe sur la tête, sur le dos. Il plisse les yeux, baisse le museau, attend. Comment dois-je faire avec lui ? Comment fait-on avec quelqu'un comme lui qui ne rend pas les coups ? Je m'assieds et il pose son museau sur mes jambes, ferme les yeux. Je serre sa tête entre mes mains. Je sens l'odeur de son pelage, de la terre, les battements fous de son cœur. Dans ma deuxième vie, je n'ai pas voulu de chien. Je craignais qu'il ne réveille la première fillette sans nom, la passion et la colère que j'avais appris à dissimuler.

Je m'allonge à côté de lui, il se couche en rond sur mes pieds comme une couverture vivante et palpitante. Je m'endors et, pour la première fois, j'ai peur qu'on nous sépare.

Mais nous restons ensemble des jours, des mois. Comment avoir la notion du temps ? J'apprends les mots de mon maigre vocabulaire pendant ces mois. Quand ma famille rentre le soir, je suis sage, je les écoute, je ne crie pas, je répète ce qu'ils disent et ça les fait rire. La chaleur du chien a ouvert mon cerveau. Ma mère me serre dans ses bras et m'embrasse, elle pose mon assiette devant moi et je mange toute seule. Désormais j'ai l'impression d'être comme eux : le soir, au lit, je regarde le plafond. Et si quelqu'un détachait le chien et l'emmenait ? Je ne m'endors qu'en l'entendant aboyer. Mon père le menace de son lit, je souris, il m'a appelée, il est là pour moi.

Ce temps est sans limites. Je ne me souviens que de l'attente du matin, de l'espace, de l'arbre, du chien. Chaque détail peut se dilater, on ne s'ennuie pas – les puces qui courent dans son pelage et le rendent fou, son caca pareil au mien, sa gamelle, les pommes qui tombent de l'arbre et dans lesquelles nous mordons ensemble, ma méchanceté : je m'éloigne et alors il gémit de douleur parce qu'il ne peut pas me suivre. Puis je rampe vers lui et le prends dans mes bras, mais pour repartir aussitôt. Et ça, pendant des heures, proche et lointaine, comme la nuit quand il est enfermé dehors. Le chien est mon jouet, que je maltraite et désire. Je monte sur son dos, le fais s'allonger pattes en l'air pour lui gratter le ventre.

Au bout d'un moment, je recommence à le frapper, il se répète, il ne m'amuse plus. De temps en temps, je me couche près de lui comme les premières fois, mais à présent mes désirs sont plus vastes, je regarde le ciel et l'arbre auquel je ne peux pas grimper. Je me pends aux piquets en bois de la clôture. Au-delà, plus loin, dans le pré jaune, j'ai vu passer des animaux blancs et je voudrais les approcher.

La maison a brûlé quand j'avais six ans, peut-être m'ont-ils fait sortir à quatre ? Cinq ? Deux étés, j'ai vécu avec le chien sans nom, comme mon JE de cette époque. Pourtant, alors que ma seconde mère a tout mis en œuvre pour que je les oublie, ces journées sont inscrites en moi. Aujourd'hui encore, certaines nuits, avant de m'endormir, j'ai l'impression de tomber dans un puits sombre et sans fond, les yeux de mon chien brillent dans le noir : viens, tu vas voir de quoi on est capables tous les deux ! Alors je m'assieds dans mon lit, allume ma lampe, souris à mon mari et prends un livre. Mon vocabulaire à présent est beaucoup plus riche.

La désirer avec modération

Après tout, ma mère aussi a vécu deux vies. Je pourrais raconter celle qu'elle a partagée avec mon père, tandis que je ne sais pas grand-chose de son aventure avec le peintre. Elle aussi s'est retrouvée avec deux noms, comme moi. Mon père l'appelait Graziella, le peintre Maria. Je l'ai lu au dos d'un dessin. Elle y est nue, comme toujours, assise sur le lit jambes croisées. Au milieu, le triangle des poils, les aines très marquées : deux sillons plongeant vers cet endroit qu'il avait conquis. Mais son visage est hors du champ ; le peintre n'a représenté qu'une partie de son corps. C'est ainsi qu'il la voyait quand ils faisaient l'amour. Le recto porte une dédicace : *À Maria qui me donne la vie*. Une banalité, s'ils ne s'étaient pas suicidés.

Je n'ai jamais vu ma mère nue. En maillot de bain, elle me semblait grande et bien faite, quelques kilos en trop c'est tout.

Au début de ma renaissance, je vois d'elle des fragments, comme le peintre : sa main qui caresse mon visage, fait glisser le savon sur mon corps, me coiffe, tente de redresser mes pieds tordus, se tend inutilement vers moi pour m'inciter à marcher. L'odeur étrangère de sa peau quand elle se penche pour m'embrasser. À l'état civil, elle s'appelait Mariagrazia. Elle avait été rebaptisée par les deux hommes de sa vie, et avait fait de même avec moi. Sauf que je n'ai jamais voulu connaître mon premier prénom.

Je m'allonge sur le lit de l'hôtel, ferme les yeux, laisse tomber par terre le dessin de son sexe. Je n'ai pas envie de descendre manger ni d'aller me promener en ville. J'ai toujours évité de séjourner seule dans un endroit inconnu. À Paris, pendant les trois ans qu'ont duré mes études de cinéma et montage, je partageais un appartement en banlieue avec deux autres filles, une Française de Lyon, d'origine arabe, et une Indienne. Elles discutaient beaucoup dans la cuisine, où chacune de nous préparait ses propres plats, et je les écoutais. Elles avaient très vite décrété que j'étais timide à cause de ma jambe et que j'avais besoin d'elles pour m'intégrer. Elles me protégeaient, on sortait faire les courses ensemble, elles me proposaient d'aller au cinéma. Personne n'a jamais compris que ma claudication cachait une plus grande infirmité : j'étais perdue partout. J'étudiais des itinéraires précis, évaluant leur durée pour ne jamais me retrouver seule dans un endroit inconnu. Pendant mes longs trajets en métro pour l'école, je mettais des écouteurs qui m'isolaient et regardais les autres voyageurs un à un, cherchant à deviner la maison qu'ils venaient de quitter, le lieu où ils se rendaient, si quelqu'un les aimait ou pas. Je me laissais distraire, ratais l'arrêt et devais descendre une station trop loin. La ville là-haut me semblait uniformément bleue, sombre et grise. Je tournais mon plan dans tous les sens, cherchant mon chemin sans le trouver. Puis je prenais une rue, mais dans le mauvais sens, et arrivais dans des quartiers jamais vus. Mes jambes se dérobaient sous moi, je m'appuyais contre une vitrine de magasin, ouvrais un livre pour cacher ma peur, mon cœur battait la chamade. C'est ainsi que j'ai rencontré Alexandre, un Sénégalais, mon premier guide français.

J'étais assise à un arrêt de bus, ayant perdu ma route et l'espoir même de la retrouver. Je calculais mentalement combien me coûterait un taxi – j'essayais de ne pas trop peser sur les finances de mes parents –, je m'imaginais donnant l'adresse au chauffeur et me laissant transporter, avec tout loisir de regarder par la vitre les passants, l'intérieur des maisons, les magasins. Je ne serais jamais chez moi nulle part. Voilà pourquoi j'observais les autres, leur façon de vivre : je cherchais une inspiration, une appartenance.

Alexandre m'avait regardée quitter le banc.

« Tu veux que je t'aide ? »

Une fois encore, ma jambe m'avait sauvé la mise.

Il a été adopté lui aussi, il est mécanicien, il aime manger, faire l'amour, c'est un macho mais gentil, pas du tout violent.

Comme premier accompagnateur, il était parfait.

Le cerveau fabrique ses propres défenses : je suis incapable de m'orienter, mais pour situer les gens, un coup d'œil me suffit.

Je respire l'odeur de ma mère sur un de ses tee-shirts. Combien de temps ai-je mis, enfant, pour m'habituer à son parfum ? J'ai dû avoir très peur de l'approcher les premiers jours, même si elle m'a toujours fourni une version des faits édifiante.

« Tu es tout de suite venue dans mes bras et tu as posé ta petite tête sur mon épaule, comme si tu me connaissais déjà. »

Elle poursuivait :

« J'avais un grand châle, chaque fois que tu pleurais, je te calais contre mon ventre et te promenais comme un bébé de quelques mois. À six ans, tu étais si petite, tu t'endormais tout de suite. »

Aujourd'hui encore, quand je vois une photo de kangourou portant dans sa poche son bébé déjà grand, j'ai l'impression qu'il est emprisonné et souffre beaucoup. Le problème c'est que je n'étais pas née dans sa poche, même si elle cherchait à me le faire croire par tous les moyens. Je ressentais un grand désir de l'aimer, de faire coïncider ce que j'étais – une créature indéterminée et confuse – avec la précision de sa personne heureuse portée par la vie. J'aurais fait n'importe quoi pour être à elle.

La première année fut assez tranquille.

« Tu te réveillais la nuit en pleurant, mais le jour tu étais sage. Je t'emmenais au parc dans une grande poussette. Tu regardais les arbres et t'animais si on croisait un chien. Tu avais peur des enfants, tu mangeais les cailloux et la terre. Les gens te regardaient, mais pas parce que tu étais malade, parce que tu étais belle. »

Ma mère était optimiste, ceux qui l'entouraient devaient être beaux, aimés et acceptés.

« La psychologue nous avait donné un an pour nous habituer à vivre ensemble, avant de programmer les opérations qui te permettraient de marcher. »

On m'asseyait sur une table en bois, ornée de losanges de plusieurs nuances. Graziella racontait ainsi ma rééducation :

« Tu suivais du doigt la marqueterie de la table en murmurant des mots qu'on ne comprenait pas. Papa approchait son oreille de ta bouche et tu riais. »

L'enfance est pleine d'arrêts sur image comme celui-ci, dont on ignore si ce sont des photographies, des inventions ou des vérités. Quand mes enfants étaient tout petits et que je les emmenais au parc, je pensais à moi dans ma poussette pour handicapée. Je n'avais pas de points de repère, seuls les arbres et les chiens m'étaient familiers, je les contemplais bouche bée parce que j'avais découvert que le monde en était peuplé. Les distances devaient me sembler énormes, comme le lit de ma nouvelle chambre, l'armoire, la fenêtre.

Le logis de ma première époque réapparaissait par intermittence, désormais sombre et misérable parce que je le comparais aux pièces lumineuses et parfaites de ma nouvelle maison. Immobile – avec sa porte ouverte, le pommier, le chien –, il s'éloignait de moi. Les visages des êtres avec lesquels j'avais vécu perdaient leurs traits, puis leur odeur. Leurs mouvements se figeaient, répétitifs, suspendus dans le temps, et résumaient comme sur une vieille photo la vie de tous les jours pendant mes six premières années.

Voilà pourquoi je suis attirée par la pièce de l'artiste de Salina avec son lit dans l'angle, la table encombrée des reliefs du dîner, la rame par terre, la chaise bancale, la commode aux tiroirs ouverts. Elle ressemble à la chambre disparue dans l'incendie qui a brûlé les visages de mes premiers parents. Mais aussi à celle où l'on a retrouvé les corps de ma mère et de son compagnon. Ces lieux qui portent les traces du temps précieux précédant la tragédie renferment un mystère : les derniers gestes de ma mère et du peintre, les derniers moments dans la masure avant l'incendie.

Allongée sur mon lit d'hôtel, les yeux fermés, dans l'odeur de ma mère qui imprègne ses vêtements, je me demande si ces instants que j'essaie d'amplifier contiennent la clé de ce qui lui est arrivé.

La table à losanges était le théâtre de nombreuses nouveautés. On me mettait sous les yeux des images, des objets, on me faisait répéter des mots. J'ai un son en tête, comme une corde d'instrument pincée dans les aigus. Je l'ai retrouvé dans les premières notes d'une sonatine pour violon de Schubert que mon père écoutait dans son bureau. Je m'efforçais d'imiter ces sons, mais j'étais distraite : la bouche de Graziella s'ouvrait et se fermait comme un accordéon, ses dents étaient les touches, sa bouche entraînait son nez et ses yeux clairs. Aucun être humain jusqu'à ce jour ne m'avait regardée de la sorte. Je voulais ces yeux en permanence sur moi, mais pour cela il fallait que je parle, que je marche, que j'apprenne mes leçons et que j'aie le courage de porter mes pieds malades comme un trophée. Il fallait que je devienne belle et forte comme elle. À présent, c'était moi qui me blottissais contre elle dès que je le pouvais. Je respirais l'odeur de sa peau, je touchais ses cheveux blonds, le soir je ne voulais plus la laisser repartir. Je n'avais jamais assez de câlins. Au bout d'un moment, elle me repoussait, son éducation visait justement à cela : la désirer avec modération.

Mon père ne me gardait pas longtemps dans ses bras, il n'aimait pas me porter. Il fuyait mon regard comme si ma présence l'embarrassait, l'intimidait. Ma mère était triomphante, lui réservé.

Les paroles des parents sont gravées dans l'esprit et resurgissent à l'improviste dans la vie des enfants comme une belle surprise ou un cauchemar.

J'étais seule, par terre dans ma chambre, je suppose que je jouais, c'était peut-être déjà la fin de la première année. Ils ne s'attendaient pas à ce que je pousse la porte, rampe dans le couloir. Ils ne savaient pas que je me déplaçais partout dans la première maison, ignoraient l'existence du chien et du pommier. J'ai caché mes souvenirs pendant des années. Quand j'ai appris à écrire, je les ai notés dans mon journal intime orné d'hirondelles et défendu par un cadenas.

Ils n'étaient pas d'accord, mon père avait élevé la voix, tandis qu'elle se taisait. Je les regardais par la porte entrouverte, je ne comprenais pas tous les mots, mais certains oui. Ils surgissaient dans la phrase comme des pétards.

« ... pieds... tête... autres... fille... parfaite... »

J'ai souvent essayé de relier ces mots, de composer des phrases plausibles.

« Ses pieds sont tordus et sa tête ne répond pas, elle n'est pas comme les autres. C'est notre fille, mais elle ne sera jamais parfaite. »

Ou bien :

« Ses pieds et sa tête ne sont pas comme ceux des autres. Pendant six ans, elle n'a pas été notre fille. Tu es parfaite, mais elle ne peut pas l'être. »

Ou encore :

« Elle a les pieds tordus, mais elle peut tenir tête aux autres. C'est notre fille, elle n'a vécu que six ans avec eux, elle sera parfaite. »

La troisième aurait été idéale, mais l'intonation de mon père ne correspondait pas à cette version. Il reprochait à Graziella ce qu'elle attendait de moi, de mes pieds, de mon intelligence. Ce jour-là, j'ai choisi son camp à elle, et jusqu'à mon adolescence nous avons été des alliées. J'ai défié mon père et son pessimisme.

Si j'y repense aujourd'hui, le système que j'avais adopté pour ordonner les mots et les nombres ressemblait à un QCM. Vrai ou faux ? Une question d'intuition, il s'agissait d'entrer dans la tête de l'examinateur et de tenter sa chance.

Si Toto marche dans la rue avec cinq bonbons dans sa poche, qu'il passe devant chez Rita et lui en offre un, puis qu'il rencontre Sandrino et lui en donne deux parce qu'il l'aime bien, combien de bonbons lui reste-t-il ? L'idée d'une règle ne me venait pas à l'esprit, je pensais au chemin que parcourait ce pauvre Toto, à l'effort (avec mes pieds !) pour aller jusqu'au magasin de bonbons. Il n'était pas assez bête pour distribuer ses bonbons à droite et à gauche sans en garder au moins un ! Mais un, c'était peu, deux au moins : un pour manger tout de suite et un autre après le dîner. Oui, la réponse était deux. Bravo ! Ma mère m'embrassait. Sur cinq, comme les doigts de la main, trois tombent, deux restent debout. Mais pour moi la règle venait en second lieu, il fallait d'abord pénétrer dans la tête de Toto.

Je répétais des mots aux odeurs de fleur, d'arbre, de fruit. ABOIENT/chiens, VOLENT/hirondelles. Je les dégustais avant de les prononcer : glace, biscuit. Je suivais les mouvements de la bouche de Graziella :

« Parapluie, chaussures, crayon. »

Les autres enfants les avaient assimilés sans s'en apercevoir, pour moi c'était le processus inverse : je vivais dans un monde d'objets que je connaissais mais pas par leurs noms, dont la consistance, l'emploi, l'odeur, le goût m'étaient déjà tout à fait familiers. De même, je devinais l'humeur de ma mère, si elle venait de se doucher, si ses cheveux sentaient la sueur ou le savon. Et les pas de mon père dans l'entrée, s'il était fatigué, comment il posait sa serviette à côté des parapluies. C'était un monde de signes auquel je devais accoler des mots.

J'ai lu que les enfants aborigènes d'Australie possèdent le sens de l'orientation : dans une plaine immense où tous les arbres se ressemblent, ils ne s'égarent pas, ils voient des signaux que nous ne percevons pas. Mais si on leur apprend le nom des arbres, qu'on désigne la couleur de la terre, le nord et le sud, on a l'impression d'avoir affaire à des attardés. Il fallait que j'accepte de perdre l'alphabet sans paroles de mes six premières années, que je le laisse sombrer au fond de ma conscience, que je l'oublie. Je devais tout réapprendre. Seule ma réconciliation avec l'écriture a été tardive, c'est peut-être pour cela que je suis monteuse. Pour raconter une histoire, je relie des images. Je devine à un geste l'état d'âme du personnage et, sur une musique intérieure, j'assemble les plans tournés par le réalisateur. Les dialogues me semblent toujours moins importants que les visages ou les corps. Je ne parle pas beaucoup, Giacomo me le reproche. Il aime comprendre et expliquer, moi je sens que la plupart de mes sentiments sont indicibles.

J'ai lu en peu de temps tous les livres de ma chambre, qui s'adressaient aux trois, quatre ans. J'avais hâte d'arriver à ceux de mon âge pour pouvoir aller à l'école. Il fallait que le pari entre mes parents soit remporté par ma mère. Peu à peu, je me mêlais à leurs conversations, la psychologue a estimé que le moment était venu de me montrer à un chirurgien.

Les médecins étaient brusques et directs. La psychologue n'admettait pas ma mère dans son bureau, elle me donnait des bonbons, me tendait un marteau en bois pour que je tape sur des casseroles ou des poupées. Un jour, je l'ai lâché sur son pied et elle m'a retourné une calotte. J'ai fondu en larmes, personne ne m'avait frappée depuis l'époque de la masure. Graziella m'a prise dans ses bras et emmenée. Elle a décidé qu'elle serait tout pour moi, mère, psychologue, institutrice, infirmière, que personne n'était en mesure de partager notre tâche grandiose :

transformer en réussite une fillette qui était loin de l'être.

L'entrée de la clinique où mes parents ont dépensé toutes leurs économies était flanquée de colonnes pompeuses et donnait dans un hall en marbre. Elle se trouvait sur la colline des Parioli et voyait naître des enfants d'acteurs, de footballeurs ou d'industriels. Ce n'était pas notre cas. Mon père avait hérité de son grand-père Alfio son prénom et une bijouterie au rez-de-chaussée de l'immeuble où nous habitions, dans le centre – « centre au sens large », précisait ma mère – de Rome. Un magasin de bon ton où, depuis des générations, des familles aisées achetaient alliances, bagues de fiançailles et argenterie. Il n'y avait pas un seul bijou outrancier ou de mauvais goût. Mon père était à l'image de sa bijouterie, il portait des couleurs neutres, des cardigans, des chemises à petit col, de larges vestes en tweed, un imperméable, un loden. Les seuls excès de sa vie avaient été ma mère et la fillette qu'elle avait voulu adopter parce qu'ils ne pouvaient pas avoir d'enfants.

Rien n'avait jamais changé dans la bijouterie : les vitrines années vingt de l'aïeul fondateur, avec leurs tiroirs en acajou longs et étroits, l'atelier derrière le rideau de velours. Mon père s'était contenté de renforcer l'entrée par une double porte. On ouvrait à distance avec un bouton sur lequel j'appuyais vers onze ans, quand je descendais au magasin par l'escalier intérieur de notre appartement.

J'aimais y rester avec lui, je jouais à être précieuse et parfaite comme les objets qui m'entouraient, la théière en argent à décor floral, la jeune fille à la colombe de la pendule art déco, le papillon doré gravé sur le vase de Murano. Je m'asseyais près du bouton, mes cheveux bruns tirés en queue-de-cheval par ma mère, j'observais les mains de mon père pendant qu'il travaillait et s'inquiétait de ma journée d'école, de mes devoirs. Je rêvais qu'elles me caressaient, s'attardaient sur mon front comme les jours où j'avais de la fièvre. Elles savaient limer avec patience, souder, sertir des pierres microscopiques, mais elles effleuraient à peine ma joue. Soudain, on sonnait à la porte.

« Ouvre », me disait-il.

Et à l'employé qui émergeait du rideau en velours :

« Caterina ouvre, ne te dérange pas. »

J'appuyais sur le bouton et des fiancés entraient. Ils souriaient et tendaient leurs annulaires à mon père pour qu'il les mesure, comme s'il était le curé. Puis arrivait un amoureux intimidé avec une petite pierre enveloppée dans du papier de soie ou un vieux couple qui apportait un bijou de famille à transformer.

« Quelle jolie petite fille, elle a les yeux verts, elle vous ressemble beaucoup. »

Mon père me lançait un regard, souriait, puis s'informait sans plus tarder des détails de la commande.

Dans la bijouterie, je ressemblais à mon père, mêmes yeux clairs, mêmes mains, un petit grain de beauté sur la joue. Je cachais sous ma chaise ma jambe plus courte.

J'écoutais les conversations sur les bijoux. Le temps s'arrêtait entre les quatre murs du magasin : là, j'étais belle et lui appartenais depuis toujours.

La salle de réanimation de la clinique aux colonnes avait un sol en lino bleu ciel. Après l'opération, des pièces métalliques m'immobilisaient les pieds. Ma mère était assise à mon chevet, un masque sur la bouche; de temps en temps, elle fermait les yeux et sa tête tombait sur sa poitrine. Des lumières vertes et rouges clignotaient sur les écrans, le battement de mon cœur était doublé par une fine trace lumineuse à l'allure de comète. La douleur montait par vagues comme une nausée, je criais, me croyant revenue dans la masure. Sauf que ce n'était pas une gifle qui arrivait, mais une femme toute blanche, ma mère rouvrait les yeux et se penchait sur mon visage. Elle me caressait, m'embrassait. La femme toute blanche me bloquait le bras, m'injectait un liquide brûlant et la douleur sortait de mon esprit pour devenir le lointain écho de mon cri. Pour mon premier accouchement, j'ai eu l'impression d'être revenue dans cet endroit, et j'ai compris qu'à l'époque j'y avais vécu une seconde naissance.

À la clinique aussi, le temps semblait s'être arrêté, pourtant il passait et mes plaies cicatrisaient. On m'a enlevé les attelles, les bandes. Soutenue par ma mère, j'ai posé pour la première fois les talons par terre. Je n'avais pas de muscles, ne savais pas me servir de mes pieds, il fallait que j'apprenne tout, comme avec les mots. Mes journées commençaient à huit heures du matin par les premiers exercices, continuaient avec les cours, la lecture, la promenade, le gymnase, la natation, la fatigue et finissaient le soir avec le bain, le dîner, un moment de télé, un livre, dormir. Je ne fréquentais aucun autre enfant. Je m'entraînais seule dans le couloir de la piscine. Une jeune fille me tenait par les hanches, je battais des pieds, des bras. Dans les couloirs voisins, je voyais les autres nager et plonger à la queue leu leu.

« Quand tu iras à l'école, tu te feras beaucoup d'amis. »

Graziella ne voulait pas que sa fille soit un objet de pitié.

Un après-midi, j'étais à l'atelier avec mon père. Il devait monter une émeraude sur une bague. Il l'a posée dans ma paume pour que je l'observe.

« Tu vois, elle est petite, mais elle n'a pas de fissures, aucune imperfection. Elle provient de transformations physiques dues à des variations extrêmes, chaleur, froid, éruptions... Quand on l'a trouvée dans une mine brésilienne, elle était toute sale de terre, encastrée dans la roche mère. On l'a extraite, nettoyée de ses impuretés et maintenant elle brille dans ta main. Mais si tu regardes de plus près, tu verras des marques microscopiques, qu'on appelle taches de beauté. »

Il l'a reprise et, d'un geste expert, l'a sertie dans le chaton.

Un jour, ils se sont disputés

Je les imagine allongés nus sur deux tables voisines, comme dans leur chambre d'hôtel. Un médecin incise d'abord l'un, puis l'autre, extrait le foie, les poumons, les reins, le pancréas, le cœur…

Giacomo m'a donné une bonne idée au téléphone : attendre les résultats de l'autopsie, puis les séparer, j'emmènerai ma mère en Italie et le peintre attendra qu'un proche vienne le chercher. La police grecque est remontée à quelqu'un. Pour ma part, je ne me rappelle qu'un chat dans la maison de campagne et, dans l'atelier, une photo de Sebastiano avec un enfant. Je savais par ma mère qu'il avait un fils, avec lequel il ne s'entendait pas, mais je ne l'ai jamais rencontré. Quand ils se sont mis ensemble, ce fils vivait à l'étranger. Sur la photo, le peintre tenait le petit garçon à bout de bras, comme un trophée.

Pendant les dix ans que ma mère a vécus avec Sebastiano, j'ai passé Noël en compagnie de mon père. Ainsi qu'une partie des vacances d'été seule avec lui.

Parfois je rendais visite à Graziella chez le peintre et je restais déjeuner. C'est lui qui cuisinait, les mains maculées de peinture. Il cuisait sur la braise des steaks et des saucisses. Gros, les cheveux aux épaules, il avait les tempes dégarnies et du ventre. Il avait été beau, mais ne l'était plus. Lui aussi parlait peu, comme mon père. Graziella les choisissait ainsi, son rôle consistait à les ranimer, à leur donner la vie, comme l'avait écrit le peintre dans sa dédicace. Ce qui stimulait ma mère avant tout, je crois, était de changer les personnes qu'elle rencontrait, moi comprise. Et les lieux. Pendant qu'il était aux fourneaux, elle mettait la table, disposait dans un vase les roses du jardin. Les travaux de la maison touchaient à leur fin. Elle avait confié à un paysagiste le choix des arbres, de la pelouse, des bancs où elle s'assiérait pour bavarder avec lui, même si – me déclara-t-elle un jour – « il parle moins qu'Alfio ». Pendant ces visites, elle me présentait toute contente les derniers aménagements.

« J'ai acheté la table en ardoise pour mettre sous la tonnelle… La glycine ! Il faut la voir maintenant qu'elle est en fleur ! Le four marche et Sebastiano y fait des pizzas. Notre chambre à coucher, viens… Le sol est neuf, ça te plaît ? Le lit aussi. J'ai acheté le tissu pendant notre voyage dans le Haut-Adige, Sebastiano est né à Merano tu sais. Et les chaises, elles sont belles, tu ne trouves pas ? Quant à ta chambre, je suis en train de la finir. Quelle couleur préfères-tu pour les murs ? »

Elle savait pertinemment que je ne resterais jamais dormir. Quand je revenais de Paris, ma place était avec mon père, dans l'appartement au-dessus de la bijouterie qu'il avait gardé tel que Graziella l'avait aménagé. Puis j'étais allée vivre avec Giacomo, nos enfants étaient nés. Je les avais emmenés quelquefois jouer chez eux à la campagne. L'après-midi, ils se reposaient dans « ma » chambre, aux murs d'un jaune soutenu. La couleur du genêt, me répétait-elle chaque fois.

« Quand tu étais petite, on en cueillait des bouquets ensemble au bord de la mer… »

Mais je n'y passais jamais la nuit. Un jour, elle avait pleuré :

« Tu crois que tous les torts sont de mon côté. Ce n'est pas le cas, Caterina, celui qui part n'est pas toujours en faute. J'ai construit ton père et lui, il m'a démolie. »

Je bois à petites gorgées le premier café du matin, assise à leur bar d'Anafiotika et je me demande : si ma mère ressuscitait, dirait-elle la même chose du peintre ? J'ai quitté mon mari et ma fille, j'ai transformé ta maison en un paradis, tu étais seul, je t'ai suivi en voyage, j'ai posé nue pour toi, et regarde ce que tu m'as fait. Et de moi ? Tu étais une petite fille handicapée, tu ne parlais pas, ne marchais pas, je t'ai transformée en princesse, tu n'es jamais venue dormir dans la chambre jaune, et regarde ce qui m'est arrivé.

Ma mère a-t-elle été une victime de nous tous ?

Une femme de soixante-dix ans entre dans le bar, cheveux roux coupés court, des formes généreuses dans sa longue tunique de lin noir. Elle fait un signe au propriétaire et il tourne les yeux vers moi, attablée au fond, près d'un groupe de jeunes Allemands rougis par le soleil qui boivent du Coca-Cola et mangent des *souvlaki* dès le matin. Elle s'approche de ma table.

« Bonjour, je suis Sophia, une amie de Maria et Sebastiano. Je peux m'asseoir ? »

Il me faut quelques secondes pour comprendre que Maria est Graziella, ma mère. Je lui tends la main, lui réponds que oui, bien sûr. Je lui offre un café.

« Non, merci. J'en ai déjà pris deux… »

Elle s'assied, elle est en nage comme tout le monde et dégage un parfum entêtant. Elle a des yeux sombres, maquillés, une bouche mince sous une légère couche de rouge à lèvres rose, qui jure avec la teinte de ses cheveux.

Elle a été belle, a grossi. Elle s'est tournée vers l'art, après avoir exercé une autre profession, mais laquelle ? Une déception. Elle a connu une grande déception. Elle a le regard douloureux de ceux qui ont laissé derrière eux leur raison de vivre.

Elle se plaint à moi dans un italien sifflant, où l'on entend la mélodie du grec :

« Ils sont partis à l'improviste, nous avions passé un accord et je m'étais engagée y compris financièrement : je suis la propriétaire de la galerie d'art. C'est la meilleure période pour les expositions, avec tous les touristes...Vous êtes la fille de Maria, n'est-ce pas ? »

J'acquiesce et précise :

« Je ne l'avais pas vue depuis des mois... Ils étaient partis au début de l'automne. Ma mère m'avait seulement dit que le peintre... que Sebastiano voulait venir travailler ici, ils ne savaient pas combien de temps ils resteraient. Je suis désolée pour votre exposition... »

Elle allume une cigarette, elle parle en soufflant la fumée :

« La police est venue hier, ils nous ont interrogés, mais sans rien nous dire. »

Je jette un coup d'œil à l'homme derrière le bar, qui a interrompu son travail.

« Que s'est-il passé ? me demande-t-elle en me regardant dans les yeux.

– On les a retrouvés morts dans leur chambre d'hôtel. La police fait une autopsie. »

Elle se couvre la bouche d'une main aux ongles laqués de noir. Elle pleure, elle est secouée de sanglots, puis elle prend la serviette en papier près de ma tasse. Sa main tremble. Elle s'essuie les yeux et étale son maquillage sur ses joues. Je m'aperçois que, depuis qu'on me l'a annoncé au téléphone, je n'ai pas versé une larme. Maintenant, devant celles de Sophia, je pourrais presque me mettre à pleurer, mais il n'y a pas d'autre serviette, et puis ce seraient des larmes à contretemps, je trouve. Je pense au silence de mon père quand je lui ai communiqué la nouvelle, à sa respiration bruyante. Peut-être a-t-il pleuré quand nous avons raccroché.

Sophia me dévisage. J'ignore ce qu'elle pense, mes intuitions fulgurantes concernent toujours le passé, le présent m'est flou. Je réussis à lire au fond des yeux, dans les gestes des gens, les sentiments et les expériences qui ont éteint ou allumé leur regard, provoqué un tic, ralenti un mouvement, mais leurs pensées présentes m'échappent.

Elle rallume une cigarette : à l'évidence, elle peut se permettre de fumer à l'intérieur. Elle tète sa cigarette comme un assoiffé sa gourde. Le chagrin pour ma mère fait partie désormais de ses peines, celles d'une vie qui n'a pas pris le chemin qu'elle aurait dû…

La politique, sa déception est liée à la politique, pas à l'amour, ou peut-être aux deux à la fois. Je l'imagine, mince, jeune, une belle poitrine, elle danse le sirtaki sur la plage avec son homme. Ils se sont baignés, ils ont bu, ils feront l'amour toute la nuit et vaincront la dictature des colonels, ils se battront comme ils dansent parce qu'un monde plus juste est possible.

Elle soupire, puis parle d'une voix profonde et bien placée.

Comédienne, voilà ce qu'elle était avant de tenir une galerie !

« Maria m'a parlé de vous… »

Je rougis, ça je m'en serais bien passée. Je hoche la tête pour qu'elle s'arrête là, mais elle poursuit.

« Votre mère vous adorait, vous le saviez ?

– On ne se voyait pas beaucoup ces derniers temps, je vous l'ai dit.

– Oui, elle s'en désolait… »

Il faut que je précise tout de suite que je n'ai rien à voir avec sa mort, que le responsable, s'il y en a un, est Sebastiano, et que ma mère n'en a jamais fait qu'à sa tête.

Elle éteint sa cigarette, je regarde le vernis noir de ses ongles, je voudrais partir. C'est moi qui vais l'interroger.

« Vous qui la fréquentiez, savez-vous quelque chose ? Comprenez-vous pourquoi ils ont fait ça ?

– Il n'y a jamais de raison… »

Elle le dit comme si elle parlait d'expérience. Après un silence, elle reprend :

« J'ai vécu avec un homme, un metteur en scène, il avait quitté sa femme et ses deux enfants pour moi. Nous avons vécu ensemble les années de la dictature, nous avons lutté, puis la liberté est venue, la démocratie, le bonheur. Pourtant c'est là qu'il a commencé à souffrir, de façon incompréhensible. Il s'enfermait des journées entières dans sa chambre, il aurait pu se lancer dans mille projets, on lui aurait même confié un poste au gouvernement. D'un seul coup, quelque chose en lui s'était éteint. Il ne s'est pas suicidé, mais c'est tout comme. Il a eu une tumeur, puis il est mort. Nous avions tant attendu la liberté ensemble ! Il m'a laissé le bonheur pour moi toute seule. »

Il faut toujours se mettre au diapason des autres pour les comprendre. Mais maintenant je voudrais en savoir plus sur ma mère.

« Comment Graziella était-elle avec lui ?

– Graziella ?

– Ma mère s'appelait Mariagrazia, mon père l'appelait Graziella. »

Elle sourit, réfléchit.

« Elle était amoureuse de Sebastiano. Une femme pleine d'énergie, de vitalité... On se comprenait. Elle le poussait à bouger, à peindre, à croire en son travail. Un jour, elle s'est arrêtée devant ma galerie...

– Ma mère travaillait dans une galerie à Rome, avant de le rencontrer.

– Elle me l'a dit. Elle voulait lui faire une surprise, monter une exposition de ses tableaux. Elle les a disposés les uns à la suite des autres, elle était aussi enthousiaste que si elle les avait peints elle-même. Des nus, des rochers, la mer. C'était une bonne idée de présenter ces toiles : le regard d'un peintre italien sur la Grèce. Elle possédait une grande force de conviction. Je lui ai demandé de m'aider, si elle avait été avec moi à la galerie, je suis sûre que nous aurions tout vendu. »

Je la reconnais, c'est ma mère : *Ce que femme veut, Dieu le veut.*

« Et lui ?

– Sebastiano ? Il était gentil, il parlait peu, la regardait. J'imagine qu'il y avait entre eux une forte attirance physique... »

Je détourne mon regard de Sophia, son imagination est de trop, j'ai déjà la mienne.

« Un jour, ils se sont disputés...

– Ils se sont disputés ?

– Oui, ça n'arrivait jamais. En général, elle parlait, riait, l'embrassait. Lui, peignait, fumait, ils s'enlaçaient. Mais ce jour-là, ici justement, à cette table... ils se sont parlé durement en élevant la voix. »

Je regarde la table qu'elle m'a indiquée, celle des jeunes Allemands. Sophia fait signe au propriétaire de s'approcher.

« C'est Philippos qui a entendu leur dispute et me l'a racontée. »

Il nous rejoint, heureux d'être impliqué et d'apprendre la raison des larmes de Sophia.

Ils ont été amants, ici, dans le bar fermé, dans la cuisine où travaille sa femme, et aussi par terre, entre les tables. Sophia a accueilli entre ses cuisses à la place du révolutionnaire cet aubergiste rondouillard au sang chaud, un amour physique, sans complications. Et maintenant le font-ils encore en cachette ? Allez savoir...

En apprenant la nouvelle, Philippos se laisse tomber sur une chaise, il pleure lui aussi. C'est tellement facile pour les autres ! Moi, rien ne sort, au contraire je pourrais me mettre à rire en réaction à leurs larmes.

Ils échangent quelques phrases en grec, elle pose la main sur son épaule. Philippos s'essuie les yeux avec son tablier, il me regarde et dit dans son anglais rudimentaire :

« J'ignore l'objet de leur dispute, peut-être leur départ. Il voulait s'en aller, mais pas elle. J'ai entendu des mots criés des deux côtés. »

Les éclats de voix de ma mère, rares et terrifiants. Je l'ai entendue s'emporter une dizaine de fois dans toute ma vie, contre mon père, contre moi, contre sa sœur. Elle manifestait à ces occasions une colère froide, lapidaire. En trois mots, elle revisitait votre histoire et vous la jetait au visage.

À mon père :

« Je déteste tes mains, ton silence, les bijoux que tu astiques, que tu exposes, c'est de la merde. »

Quand je fumais des joints et traînais au lit le matin :

« Si tu veux ficher en l'air tout ce que j'ai fait pour toi, vas-y, ça voudra dire que j'ai misé sur le mauvais cheval. »

Sophia se regarde dans un petit miroir sorti de son sac, elle mouille son doigt de salive et efface les coulures de maquillage.

« Maria tenait à ce que Sebastiano expose son travail, pas lui. Il peignait pour son plaisir. »

Philippos acquiesce et ajoute :

« Sebastiano voulait aller à Patmos. »

Je le regarde.

« À Patmos ? »

Sophia soupire, comme si c'était un sujet dont ils avaient déjà discuté.

« Ils avaient visité les Cyclades avant de séjourner à Athènes. Mais Sebastiano voulait l'emmener voir la grotte où Jean a écrit l'*Apocalypse*... »

Sophia l'interrompt :

« Sebastiano parlait souvent de religion... mais il n'était pas croyant, loin de là. Non, il s'interrogeait beaucoup sur le sens de la vie... Et maintenant, savoir qu'ils se sont suicidés... »

Elle a un sourire amer.

« Maria et moi, nous nous ressemblons en cela que nous avons rencontré deux hommes intéressants, mais difficiles. »

Elle fait siffler les deux *f* et allume encore une cigarette.

Philippos lui parle à toute vitesse, il semble fâché. Elle rejette la fumée et répond avec virulence une phrase incompréhensible où je ne distingue qu'un nom : Nikos.

Ils se taisent soudain tous les deux, la femme de Philippos est apparue sur le seuil de la cuisine et l'appelle. Il se lève pour la rejoindre, docile, à sa disposition. Elle lui donne des ordres brefs et précis.

Sophia les regarde.

« Elle, en revanche, sait s'y prendre avec les hommes. Le bar lui appartient, elle commande et il obéit. Philippos aime l'art, il n'est pas connaisseur, mais il apprécie. C'est un homme sensible et généreux, elle ne vaut rien comparée à lui. »

Qui valait le plus de ma mère ou du peintre ? Lequel des deux a décidé de mourir ?

Sophia écrase sa cigarette dans le cendrier à côté des deux autres qui portent déjà la marque rose de ses lèvres.

« Ta mère… je peux te tutoyer ? »

J'approuve de la tête.

« Il partait peindre et elle venait bavarder à la galerie… Quand elle ne devait pas poser pour lui. »

Je baisse le regard et elle couvre ma main de la sienne.

« Tu as vu les tableaux, n'est-ce pas ? D'ailleurs, tous les artistes représentent des femmes nues. Nikos me photographiait dans toutes les positions, à la mer, dans mon sommeil… Il ne pouvait pas tourner de films pendant la dictature, alors il me prenait en photo. Au début, j'aimais ça. Puis j'en ai eu assez, on ne peut pas vivre en sachant que quelqu'un veut toujours fixer un coucher de soleil, votre corps, un sourire… Ta mère aussi me racontait que, parfois, elle n'arrivait pas à garder la pose. Sebastiano l'installait cuisses ouvertes, tête cachée ou... »

Je retire ma main moite de sous la sienne.

« Excuse-moi, je ne voulais pas te choquer... »

Je ris.

« Oh, ce n'est pas pour ça ! Au commissariat, j'ai vu la photo de la chambre où ils sont morts, ils étaient nus, par terre, ce n'était pas très poétique... Tu ne m'as pas choquée, ne t'inquiète pas. »

De nouveau, ses yeux sont mouillés de larmes.

« Ils t'ont montré la photo ?

– Bien sûr, celle qu'ils ont prise avant de les emmener. D'ailleurs, ça sert à ça les photos, non ? Rappeler les gens morts, les enfants que nous ne sommes plus, les jeunes devenus vieux. »

Elle me regarde avec intérêt.

« Ta mère m'avait dit que tu as l'esprit critique, que tu es dure et déterminée, en cela tu ne lui ressembles pas.

– Je ne lui ressemble en rien, elle m'a adoptée quand j'avais six ans, elle te l'a raconté ?

– Oui, presque tout de suite quand nous avons fait connaissance. Elle m'a parlé de son mari qu'elle avait quitté pour Sebastiano. De sa fille. "Elle est bien meilleure que moi", m'a-t-elle dit. »

Je vais pleurer, c'est sûr, elle reprend ma main entre les siennes.

« Tu veux comprendre pourquoi ils l'ont fait, mais il n'y a pas d'explication.

– Je ne veux rien comprendre. J'attends juste les résultats de l'autopsie et, après, je la ramène en Italie.

– Et lui ?

– Quelqu'un viendra le chercher. »

Ne te laisse pas emporter par ton imagination

« Écoute, Caterina, ne cède pas à des arguments sans fondement...

– Comment vont les enfants ?

– On est allés à la mer, ils ont mangé, maintenant ils regardent un dessin animé.

– Tu ne leur as rien dit ?

– Non, j'ai pensé que tu voudrais peut-être le faire toi-même. »

Je ne réponds pas, parce que je n'en sais rien. Il me demande :

« Tu es sûre qu'elle n'a pas laissé de message ?

– Il n'y avait pas de lettre, ni dans la chambre ni dans leurs valises, nulle part. Ils ont contacté le fils de Sebastiano... Il faut que je retourne au commissariat dans deux jours pour organiser le transport de la dépouille.

– Ne te laisse pas emporter par ton imagination, attends les résultats de l'autopsie... »

La nervosité me gagne.

« Que veux-tu dire, Giacomo ?

– Rien, juste qu'il est peut-être impossible de comprendre ce qui s'est passé...

– C'est aussi ce que m'a dit Sophia...

– Sophia ?

– Une galeriste d'ici. Graziella devait organiser une exposition de ses tableaux, mais ils sont partis à l'improviste sans avertir personne... Sophia dit qu'il "parlait souvent de religion", qu'est-ce que ça peut signifier ?

– Je ne sais pas... Pour ma part avant d'échafauder la moindre hypothèse, j'attendrais le rapport et je voudrais que toi aussi tu réussisses...

– ... à ne pas me laisser emporter par mon imagination ?

– Oui, parce que ça te fait du mal et que c'est inutile.

– D'accord...

– Tu as tes gouttes si tu n'arrives pas à dormir ?

– Oui, au revoir.

– Au revoir, appelle à n'importe quelle heure. »

Je raccroche, je me trouve dans une avenue très encombrée. Avant le coup de fil de Giacomo, je cherchais un endroit où manger à proximité de l'hôtel. Je marche sous le soleil, lançant mes jambes en avant avec toute la colère qui m'habite et je suis vite trempée de sueur. Trop imaginative, mais dure et déterminée aussi, comme le pensait Graziella. Je ne suis bien qu'avec mes enfants, on joue des heures. Au parc, en automne, on ramasse les pignons et on les écrase à coups de pierre pour les manger sur place, pas de cueillette pour un gâteau ou un plat. Nous n'avons aucune patience. Les mots les barbent, comme moi. Je n'arrive pas à coller de façon continue à la réalité, à donner toujours l'impression de savoir où je suis et ce que je dois faire. Giacomo ne me connaît pas et ma mère non plus. Aucun des deux. Mon mari me plaît par son flegme qui, au lit, se transforme en une étrange fureur, et j'aime ce contraste. Je le laisse prendre ma main, et tout mon corps. Moi, je ne peux pas : je suis dure. Pas déterminée, même si je le parais. Je n'ai pas peur d'aller mal, je m'en fiche d'aller mal. Ma mère trouvait toujours tout merveilleux et voyez comment ça s'est terminé.

Avec tout ton savoir de médecin et ton flegme, avais-tu rien prévu de ce qui s'est passé ? Non, tu es resté sans voix, comme moi.

« Elle était si débordante de vie… »

Alors, quelque chose t'échapperait-il, Giacomo ? Laisse-toi emporter davantage par ton imagination, ça t'aidera peut-être. Comme ce jour au supermarché…

J'entre dans un bar, des mouches bourdonnent impunément, des gâteaux caramélisés derrière une vitrine embuée. Non, pas ici. Je ressors dans la rue, où suis-je ? Où est l'hôtel ? N'y pense pas, sinon tu vas paniquer. Laisse-toi aller, marche doucement, respire. Si tu y réfléchis, tu vas t'éloigner, confondre le nom des rues. Reviens calmement sur tes pas. Tu reconnais ce trou dans l'asphalte et, après, le petit bonhomme vert de la publicité pour les glaces, tu es dans la bonne direction, laisse-toi guider par ces repères que tu avais vus sans le savoir.

Ce jour-là au supermarché, alors que notre aîné a deux ans, on arrive à la caisse, je le fais descendre du caddie. Giacomo pose les articles sur le tapis, je les range dans les sacs. Lorenzo est à côté de moi, il m'aide. On paie, on récupère tout, je me tourne vers le petit, il a disparu. On regarde à la ronde, personne. Chacun de nous part dans une direction, d'abord calmement, puis au pas de course dans les allées en criant son nom.

À présent, tout le supermarché le cherche. Je m'arrête, je n'arrive plus à l'appeler. Giacomo me dit : « Reste ici, on va le retrouver. » Et il s'élance dans la rue.

Je me fige. Où est-il ? Qu'est-ce qui l'a attiré ? Où s'est-il caché ?

Maman ne me regarde pas, et papa non plus, si je m'éloigne, ils ne s'en apercevront pas. Je vais aller chercher les tablettes de chocolat qu'ils ne m'ont pas laissé mettre dans le chariot. Je tourne à un angle, un autre, mais je ne les trouve pas… Je regarde autour de moi : un espace immense, des rayons éclairés, des jambes, des pantalons, des couleurs, des lumières, papa et maman ne sont plus là, ils sont partis, je suis seul, perdu.

Mon enfant ne peut pas être loin. Je me penche, je parcours du regard un à un les rayons du bas, une allée, deux, trois. Je n'ai plus peur. Je vois une chaussure dépasser d'une pile de boîtes de conserve, dans un endroit exigu. Comment a-t-il pu s'y faufiler ? Je lui murmure : « C'est maman… »

Il donne un coup de pied dans les conserves et se jette dans mes bras, il a pleuré en silence, il pose la tête sur mon épaule. Des gens ont appelé Giacomo, qui arrive blême d'inquiétude.

« Où était-il ?

– Il ne nous retrouvait plus, il s'était caché… »

Il me dévisage stupéfait.

« Comment as-tu fait pour… ? »

Nous nous regardons dans les yeux, il a envie de pleurer mais se l'interdit. Il s'approche, nous prend dans ses bras, nous restons sans parler sous le regard attendri des clients qui se dispersent derrière leurs caddies.

Je ne t'ai jamais raconté ma fugue de la maison de la misère, Giacomo, sinon tu aurais tout de suite compris comment j'avais pu le retrouver.

Dans le pré jaune, j'ai vu passer des bêtes blanches

Dans un coin caché par une pierre, j'ai travaillé au grillage pendant des jours. D'abord avec les dents, je m'en suis cassé une et j'ai ramassé un morceau blanc par terre. Puis avec les mains, en tirant sur le grillage, en le secouant.

Quand j'essaie de me rappeler l'époque de ma première vie, je repense à ma dent cassée. J'ai gardé dans une petite boîte les dents de lait de mes enfants jusqu'au jour où ils les ont découvertes, ont joué avec et les ont perdues. Toutes leurs petites dents envolées comme la mienne. J'essaie d'exhumer les visages de mes deux frères. Les traits des morts s'effacent, mais pas leurs gestes : ils se bagarraient, se donnaient des coups de poing, riaient, mangeaient et dormaient sur le même matelas. Je crois, mais c'est peut-être faux, qu'ils ont aussi essayé de s'exciter sur mon corps de petite fille.

L'ennui quand on a deux vies aussi différentes, c'est que la plus proche est tellement plus réelle qu'on ne peut pas croire entièrement à la précédente.

Pour traverser les pièces de mon passé, je dois plonger la main dans un sac percé, noir de suie, y repêcher des vestiges carbonisés et les cacher entre mes sous-vêtements parfumés à la lavande que Graziella rangeait avec soin dans ma commode. Mais pour comprendre sa vie à elle aussi, coupée en deux comme la mienne, il faudrait peut-être soulever les cailloux et observer les vers dessous. Graziella a quitté son mari, moi, les belles maisons pensées dans le moindre détail – celle de mon père, celle du peintre – et désormais aussi la pièce de son amour. La mort a ouvert leurs valises, elle les a séparés, a soufflé sur l'enthousiasme et la vitalité qu'aimait Giacomo. Et maintenant, toujours pour comprendre, quelqu'un fouille leurs corps.

J'ai inventé des histoires merveilleuses sur mes frères dans ma seconde vie.

« Ne te laisse pas emporter par ton imagination », m'exhorte Giacomo. Mais je suis moi-même un produit de l'imagination ! Qui pourrait bien faire tenir dans sa seule personne ce qui m'est arrivé ? Il y faut de l'imagination et de l'invention.

Je rêvais que mes frères étaient forts et courageux. Je ne pouvais pas marcher, alors, pour me montrer le monde, ils fabriquaient un filet « avec la souple écorce du bouleau et les joncs résistants », comme dans *Les Cygnes sauvages*, le conte que me lisait Graziella. Transformés en cygnes par leur marâtre, ils me transportaient sur l'île-rocher où j'étais en sécurité. Les vrais, quant à eux, avaient tressé avec mon père du fil de fer autour de notre maison pour me protéger des dangers du monde.

Mais dehors, au loin, dans le pré jaune, j'ai vu des bêtes blanches et je veux les approcher. Tout l'été, la pluie et le soleil m'ont aguerrie et l'idée de fuguer a germé en moi. Munie d'une pierre, j'ai travaillé des heures sous le regard interrogateur du chien qui frétillait : elle va m'emmener !

Pendant mes années de formation à Paris, j'aimais étudier les films qui racontent des évasions de prison ou de camp de concentration : le trou creusé à la cuillère pendant des mois, les galeries, les déblais cachés dans les pantalons. En prison, le temps semble éternel, comme mon isolement derrière la clôture. Un jour il se déchire, la liberté éclate et avec elle la peur d'être repris ou de mourir. Le montage construit le rapport entre les jours qui n'en font qu'un seul et celui où tout arrive :

Tu es libérée.

Ou la maison brûle avec eux tous dedans.

Ou ma mère quitte mon père pour le peintre.

Ou ils décident de se suicider ensemble.

Quel rapport entretiennent ces deux temporalités ? Combien de l'une passe dans l'autre ? Combien de moments d'attente entrent dans l'événement, combien de fragments de l'événement sont déjà présents dans l'attente… Le montage à la fois resserre et dilate l'histoire. Rien d'étonnant que j'en aie fait mon métier.

J'ai ouvert un trou dans le grillage. Je joue à y enfiler un doigt, toucher un brin d'herbe de l'autre côté de la clôture. Si j'étais comme mon doigt, lutin, petit poucet, je pourrais sortir en rampant vers cette ligne qui barre le paysage et où j'ai vu passer les bêtes blanches. Tous les matins, j'introduis mon doigt dans le trou, comme Gretel, même si personne là-dehors ne veut me manger. Ou peut-être que si, je l'ignore. Chaque jour, j'agrandis le trou avec la pierre. J'ai de la force dans les bras, je me hisse toute seule sur ma chaise, j'atterris en bas de mon lit et rampe sur le sol tous les matins, en traînant derrière moi jambes et pieds.

Le chien a compris que je m'en vais. Il aboie, gémit, ne me quitte pas des yeux. S'il savait parler, il crierait : « Elle y est arrivée, elle a passé la tête, une épaule ! Maintenant l'extrémité du fil de fer l'a blessée au cou ! Un filet de sang coule sur son tee-shirt ! Attention ! Elle est dehors, toute seule, pieds nus, elle se sauve comme un serpent, arrêtez-la ! »

Si les chiens savaient écrire, ils mettraient des points d'exclamation partout.

Devant moi s'ouvre un espace infini, j'avance dans la terre avec toute la force qui m'habite, puis m'arrête à bout de souffle derrière un arbre et scrute l'étendue : taches de verdure, terres grises et jaunes, poussière, vrombissements de moteurs, exclamations. Je lève le visage, les feuilles de l'arbre ressemblent à des flammes rouges et orange.

Je m'allonge à côté du tronc, sur les routes de l'écorce montent et descendent des cortèges de fourmis. J'en mange une, mais elles s'en moquent, la colonne se recompose et poursuit son chemin. Personne ne s'apercevra que je suis partie, le chien ne gémit même plus. Il s'est pelotonné dans un coin et soupire, ces journées que nous avons partagées sont brusquement finies.

Je me redresse, de quel côté dois-je aller ? Les fourmis marchent tête baissée, chacune talonnant la précédente, mais moi je n'ai personne à suivre. Je rampe en scrutant la terre, je connais son odeur, dans l'enclos je passais des heures à contempler les sillons creusés par la pluie, les crevasses de chaleur. Je me retrouve près d'un ruisseau qui court entre les arbres. J'y trempe mes pieds nus, m'asperge le visage. Le petit nuage de vase troublée monte à la surface, puis le courant le dissipe. Je bats des pieds dans l'eau pendant des heures, fascinée. Chaque fois me semble la première, et mon empire sur le ruisseau sans limites. La nuit tombe et j'agite encore mes pieds difformes, froids, je ris. J'ai faim, mais il ne me vient pas à l'idée de rentrer. Je crie de joie, puis m'endors d'un coup, emportant dans le sommeil cette vérité que je chercherai tant de fois dans ma seconde vie : la vie est un endroit qui possède tout ce qu'il faut pour qu'on la savoure.

Je ferme les yeux dans mon lit chaud d'enfant privilégiée, dans ma chambre sans chauffage d'étudiante parisienne ou après l'amour avec mon amant sénégalais, dans les bras de Giacomo, notre bébé au sein, et je demande : reviens, plaisir de cet instant, mais il n'a plus affleuré comme le nuage de vase soulevé par mon pied. La porte de ce paradis m'est fermée désormais.

Combien de jours dura ma fugue ? Après l'eau, j'ai des flashes : les yeux vides des bêtes blanches qui me dévisagent, un pantalon étendu sur une corde à linge devant une maison beaucoup plus grande que la nôtre, des roues géantes dans un champ jaune, une coccinelle qui s'envole avant que je la fourre dans ma bouche, la faim. Une douleur à l'estomac qui me fait pleurer et ne m'excite plus. J'aperçois un tracteur dans le champ, il ne me voit pas, il s'éloigne, je ne le rattrape pas. Je mange des racines comme Scarlett O'Hara dans le film préféré de mon adolescence, mais je les vomis peu après. Seul le ciel de la nuit me calme, j'ai l'impression d'être à nouveau près du ruisseau et je m'endors.

Je m'étais crue perdue, les distances semblaient infinies et soudain le grillage était là de nouveau, devant moi, et le chien attaché à sa corde, l'arbre, la masure. Je me suis accroupie près du trou par lequel je m'étais échappée, je les ai attendus. Après tout, le monde était un lieu limité, et j'avais besoin d'eux.

Je ne saurais pas te dire pourquoi

« La Grèce n'est qu'îles, elle en compte presque six mille, dont à peine deux cents sont habitées. Chaque Grec, et même chaque touriste qui débarque ici, se dit un jour que loin, sur une île, on peut recommencer une autre vie. »

On fume partout dans le monde avec un sentiment de culpabilité, mais Sophia allume ses cigarettes comme au siècle dernier, indifférente aux regards de ses voisins de table. Elle est connue dans le quartier, sa galerie est un havre pour les artistes et les chômeurs.

« Je ne saurais pas te dire pourquoi ils voulaient aller à Patmos. Selon Philippos, c'était pour visiter la grotte de l'évangéliste, où il aurait écrit la fin qui nous attend tous. Mais je suis plus concrète et je pense que Sebastiano voulait emmener Maria loin, essayer de réparer quelque chose qui s'était brisé. »

Elle me regarde, je l'écoute depuis un certain temps, avant elle m'a posé des questions sur l'adoption, sur mes rapports avec ma mère, mon père. Puis, comme je répondais du bout des lèvres, elle s'est mise à parler. Elle était passée à l'hôtel dans l'après-midi pour m'inviter à dîner.

« C'est à une de ces tables que j'ai dîné avec ta mère, Sebastiano et Philippos. Sa femme le laisse sortir avec moi maintenant, elle sait que nous sommes amis, rien de plus. Je n'ai plus envie de faire l'amour, je suis vieille. Pendant un moment, après la mort de Nikos, ça me faisait du bien. Sa maladie a été longue, l'amour physique me manquait. Mais maintenant, plus les années passent, plus je me sens veuve. Certains jours en me réveillant, j'ai l'impression d'être encore dans l'île où nous étions internés. Des jours terribles et heureux. C'est absurde, mais c'est ainsi, je voudrais revenir à cette époque, à Gyaros, même si beaucoup d'entre nous mouraient, la Grèce entière mourait, mais nous étions vivants et nous pensions nous aimer assez pour être heureux même là-bas. »

Sophia parle avec une voix posée et lyrique d'ancienne comédienne, que la cigarette et le malheur ont rendue rauque.

« Tu étais comédienne, n'est-ce pas ? »

Elle me regarde étonnée, sourit.

« Comment as-tu deviné ? »

Je ne lui dis rien de mes intuitions foudroyantes, les capacités qui échappent à la raison inquiètent.

« Ta voix me rappelle celle d'Irene Papas… »

Elle est émue à ce nom.

« Irene… J'ai tourné un film avec elle, un petit rôle. J'ai fait beaucoup de théâtre avant le coup d'État. En exil à Gyaros, nous organisions des spectacles avec les prisonniers. Nous avons monté des tragédies. Nikos s'occupait de la mise en scène, nous faisions jouer les détenus. De temps en temps, le directeur censurait des passages. Comme si nous étions les auteurs ! Les gardiens nous censuraient, puis ils se laissaient gagner par l'émotion… »

Elle éteint sa cigarette.

« On reprend un verre. »

Sophia appelle le serveur, commande le vin et continue.

« Quand le régime des colonels est tombé, je n'avais plus l'âge de jouer, je n'ai même pas essayé. J'ai été serveuse, j'ai travaillé dans une agence immobilière avant de m'occuper de peinture. Nikos écrivait des scénarios, attendait des coups de fil, déprimait. Tu sais ce que c'est. On se lève tous les matins en croyant que c'est peut-être le grand jour et, le soir, on finit par boire en imaginant que ce sera pour demain… Je peux sembler cynique, mais je crois qu'il n'était pas sûr de son talent et qu'au fond il se sentait mieux quand on lui interdisait de l'exercer. Puis il est tombé malade et il est mort. Je ne veux plus parler de lui. Mon dernier souvenir d'un homme plein de vie, prêt à se battre, beau comme un dieu, remonte à Gyaros. Je vais te le montrer... »

Elle fouille dans un sac fuchsia à franges et sort d'un portefeuille une toute petite photo en noir et blanc. Un homme pas très grand, fine moustache, sourit en chemise à manches courtes, une cigarette entre les doigts.

Sophia soupire en la rangeant dans son sac.

« La surface d'une cellule peut être grande et la liberté plus difficile à vivre.

– Tu as l'impression que tu étais plus libre quand tu étais détenue que quand on t'a libérée... »

Elle me regarde, intriguée. J'ajoute :

« Pour ma part, j'ai vécu deux vies très différentes l'une de l'autre. »

Elle acquiesce.

« Oui, je sais... Maria m'en a parlé... »

Ma mère, qui aurait voulu effacer tout ce qui précédait notre rencontre, lui avait raconté.

« Que t'a-t-elle dit ?

– Qu'elle t'avait encouragée à laisser ton passé derrière toi, que tu avais beaucoup souffert de tes opérations, que tu boitais, mais que tu avais réussi à devenir une belle femme, avec un travail, un mari, des enfants... »

Elle se tait et allume une autre cigarette, elle sourit en pensant à ce qu'elle va me dire.

« Certains soirs, avec ta mère, on allait dîner ensemble à la taverne des halles...

– Aux halles ?

– Toutes les deux, elle et moi, ça amusait Maria parce qu'il y avait des types saouls, des étudiants, c'est un endroit animé et joyeux… »

Je n'arrivais pas à imaginer Graziella au milieu d'étudiants au bistrot des halles.

« Sebastiano restait peindre à l'hôtel et nous, on sortait. Parfois il nous rejoignait. Ta mère avait une dizaine d'années de moins que moi… »

Je l'interromps :

« Elle aurait eu cinquante-neuf ans en septembre. »

Elle me regarde et sourit à nouveau.

« Elle ne les faisait pas, et les hommes, y compris les plus jeunes, la regardaient. C'était une femme peu conventionnelle, qui jouissait encore d'une grande vitalité. S'il lui arrivait de se sentir triste, elle se reprenait vite. En cela, nous étions semblables. Je n'arrive pas à comprendre comment elle a pu en arriver à ce geste… »

Le serveur débouche le vin, le verse, échange une phrase en grec avec Sophia. Elle vide son verre d'un trait et je bois vite moi aussi, la tête me tourne.

« Que fait ton père ?

– Il est bijoutier.

– Bijoutier… »

Je ris.

« Oui, rien à voir avec elle, il n'aime pas les changements, il voudrait que tout reste toujours pareil. À la maison, c'était ma mère qui commandait, au magasin c'était lui. Ils se sont rencontrés au théâtre à la fin des années soixante, elle était venue avec des amis, lui avec sa fiancée. Ma mère en jupe longue et poncho avec un sac en daim, maquillée, cheveux blonds longs et lisses. Lui, en veston cravate. Les amis de Graziella étaient des artistes très marginaux, l'un d'eux connaissait mon père et ils ont discuté. Puis, au deuxième acte, il l'a entendue rire et il est tombé amoureux. Un jour, il est venu la chercher à la galerie avec un collier de petits saphirs, il lui a dit : ce qui est à moi est à toi, mes parents sont morts, la maison dont j'ai hérité est toute triste, change ma vie, s'il te plaît. Mon père est comme ça, il parle de choses pratiques, pour lui l'amour ne réside pas dans des phrases, mais dans l'action. Graziella, pour sa part, adorait transformer la vie des gens, alors ils se sont mariés. Ils voulaient des enfants, mais n'ont pas pu en avoir. »

Je bois encore. Le regard de Sophia me semble flotter entre les mots qui sont sortis de ma bouche sans raison.

« En réalité, ce sont des informations que j'ai glanées dans ce qu'ils m'ont raconté, je ne sais pas ce qu'il y a de vrai.

– L'éclat de rire l'est sûrement. Maria riait et les gens se retournaient, c'était communicatif, elle entraînait tout le monde. Il y a quelques mois, on est sorties seules et deux hommes nous ont invitées à une fête. La soirée était déjà avancée. Sebastiano va s'inquiéter, lui ai-je dit. Elle m'a répondu : j'ai abandonné une fille et un mari, après ça on est libre, allons danser. On est restées jusqu'à l'aube, elle est partie avec un homme. J'ignore ce qu'elle a dit à Sebastiano, le lendemain, au bar de Philippos, ils étaient tranquilles. Elle lisait, il peignait. Puis ce jour-là, ils se sont disputés, mais sont repartis enlacés. On ne les a pas revus, ils ont quitté Athènes, peut-être pour Patmos, peut-être pour une autre île. Puis ils sont revenus en ville sans se manifester… »

Les murs du restaurant s'élargissent derrière Sophia. Je ressens une violente douleur au creux de l'estomac, j'essaie de parler.

« Ils étaient joyeux même le dernier soir, quand ils sont rentrés à l'hôtel. Elle tenait ses chaussures à la main, c'est le propriétaire qui me l'a dit, elle avait cassé un de ses talons, ils étaient enlacés… »

Me voici soudain par terre, gisant entre les pieds des tables et les jambes des clients. Ça cogne dans ma tête. Sophia m'humecte les lèvres.

Je ferme les yeux.

La même mort dans le cœur

Sophia m'a laissée dans mon lit à l'hôtel. J'ai vomi, elle m'a aidée à me laver, me déshabiller; dans la valise de ma mère j'ai pris une chemise de nuit en soie à bretelles. Son parfum a fait revenir ma nausée. Pourquoi as-tu choisi de mourir, ma mère ?

Quand j'avais la fièvre, enfant, tu me disais : « Dans ton corps il y a une armée qui lutte contre la maladie, nous sommes fortes, nous gagnerons. »

Où es-tu maintenant ? Où est ta force ? Une cloison me sépare de la chambre de tes derniers instants. Tu as glissé par terre, comme moi dans la salle du restaurant. Sur la photo que m'a montrée la police, ton visage encore jeune est tourné vers la fenêtre, mais il était trop tard pour fuir. Il fallait partir avant, le laisser se supprimer tout seul. Qui est cet homme qui t'a convaincue de passer à l'acte ?

Tu m'as appris à parler, à marcher, à me ficher de ma jambe trop courte.

« Va à l'école, porte-la comme un trophée ! Tu es belle, personne n'osera rien te dire. »

J'ai foncé, comme l'armée que j'avais dans le corps. Les autres se sont moqués de moi à cause de ma chaussure plus haute.

« Caterina la boiteuse. »

Je les ai frappés jusqu'à les faire taire, incendiés par mes yeux clairs.

« Tes yeux sont ton plus bel atout », disais-tu.

Je me suis efforcée d'être une bonne élève. Mais rien n'allait de soi, il fallait toujours que je reprenne les explications à zéro. Je comptais en cachette sur mes doigts, un jour j'ai écrit « grammmaire ». La maîtresse s'est indignée : « Un mot avec trois m, ça n'existe pas ! »

Qui a énoncé les règles ? J'apprenais chacun de mes livres de classe comme si c'était le premier. Je copiais sur ma main les déclinaisons, les théorèmes, les dates. Rien n'était évident, simple, logique. Il fallait que j'oublie tout ce que j'avais appris seule. Je ne pouvais plus me fier aux odeurs, aux sons, aux gestes. Je me répétais : ne te distrais pas à écouter la voix de la maîtresse, essaie de comprendre ce qu'elle dit ! Mon esprit s'envolait par la fenêtre, je regardais une branche squelettique et la couvrais de pommes. Je dessinais des arbres en automne avec leurs feuilles jaunes et rouges, un ruisseau, une petite fille qui y trempait ses pieds nus. Aux rendez-vous parents-professeurs on me disait :

« Elle fait toujours le même dessin, elle le perfectionne, ajoute des détails, mais c'est toujours le même. »

Un jour, tu t'es dessinée toi-même à côté de l'arbre et du ruisseau. Je t'ai gommée parce que tu n'avais jamais été là.

Le temps a passé et je n'ai plus dessiné, je me suis spécialisée en frises géométriques dont j'ornais mes cahiers et mon agenda. Un jour, j'ai compris ce qu'était l'école.

En sixième, je peinais toujours, je mentais, je copiais, je faisais mes devoirs quand j'y pensais. Sur le panneau d'affichage en fin d'année, ma mère a lu mon nom parmi les redoublants. L'après-midi mon père m'a appelée en bas, au magasin. J'ai traîné ma chaussure plus haute sur les marches en bois, je faisais durer la descente, j'avais peur. Je voulais lui faire sentir qu'il aurait dû avoir pitié de moi, de la petite fille boiteuse qui lui était échue.

Tous les ans avec ma mère, avant la rentrée des classes, on allait m'acheter des chaussures en même temps que mes cahiers et mes stylos.

« Choisis celles que tu veux, disait Graziella, mais pas des plates avec une bride à la cheville ni des ballerines. »

Je montrais toujours les mêmes, montantes et lacées.

« Tu as raison, elles sont très chics. »

Je ne pouvais pas les porter tout de suite, il fallait les « renforcer ». Le cordonnier se trouvait dans une ruelle près du marché. Il prenait ma chaussure, l'éventrait, y introduisait un renfort, reclouait, la tendait à ma mère et m'offrait un bonbon à la réglisse. Du bout de ses doigts noircis, il me tendait la boîte de pastilles au goût de colle. Il la gardait sur son établi couvert de cuirs aussi noirs et luisants que ses bonbons. Son atelier était sombre, presque aveugle. S'il avait été mon père, il aurait pu m'apprendre à réparer les chaussures, et je n'aurais plus été obligée d'aller à l'école.

Le jour du redoublement, Graziella s'était enfermée dans sa chambre dès notre retour à la maison. Sur le chemin, elle m'avait parlé sans interruption, d'une voix pleine de larmes contenues.

« Après nous être tant appliquées, avoir tant travaillé. À quoi ça a servi ? »

Je marchais en regardant par terre : je ne devais pas poser le pied sur les lignes entre les dalles, sinon ça se terminerait mal pour moi. Les interstices dans les murs et les trottoirs abritaient des lutins. De même que les trous des boutons, gare à les toucher.

« Pourquoi tu ne me réponds pas ? »

Elle m'avait secouée par le bras.

« Ça veut dire quoi, redoublement ? »

Je lui avais posé la question pour qu'elle se calme un peu.

« Que tu dois recommencer ton année ! Tu ne comprends donc rien ? »

Mon Dieu, l'année allait repartir en sens inverse ! Les bougies du gâteau se rallumeraient, les cadeaux de Noël se remballeraient, l'été redeviendrait hiver, je rapetisserais, les vêtements trop courts réapparaîtraient dans mon armoire, j'aurais de nouveau la rougeole, je me brouillerais de nouveau avec ma copine Clara et ainsi de suite à l'infini, en avant et en arrière, tant que mes résultats scolaires ne s'amélioreraient pas.

« Je n'y arriverai pas..., avais-je murmuré.

– À faire quoi ?

– À tout recommencer depuis le début. On ne peut pas faire autrement ? »

Elle s'était arrêtée, et m'avait incendiée du regard.

« Il n'en est pas question ! Tu m'entends ? Tu passeras ton bac et tu iras à l'université ! Je n'ai pas fait d'études et l'ai regretté toute ma vie. Il faudra que tu passes sur mon cadavre, Caterina... »

Je frémissais à cette idée, il valait mieux reculer d'un an et retenter ma chance plutôt que piétiner son cadavre avec mes chaussures renforcées.

L'après-midi, elle avait dit à mon père : « Parle-lui, toi, Alfio. »

Je m'étais figée sur la dernière marche de l'escalier, lui penché sur sa table de travail dans l'atelier. Je voyais sa nuque et ses cheveux clairsemés sur son crâne, il les coiffait de façon à couvrir les vides. Ses mains effilées et habiles pouvaient manipuler des pierres minuscules. Avec sa loupe sur l'œil droit, on aurait dit un pirate.

« Viens. »

Je m'étais approchée de l'établi et je le regardais travailler comme le cordonnier, il voulait peut-être me dire que je resterais là avec lui pour toujours, que je ne retournerais pas à l'école. Il m'apprendrait à utiliser le ciseau, les fraises, à frotter l'or avec les petites gommes abrasives que je lui tendais pendant nos après-midi au magasin. Un long silence s'était installé, entrecoupé par le bruit des instruments et je m'étais laissé emporter par mon imagination : dans les tiroirs, des créatures m'épiaient de leurs petits yeux, elles sortaient, grimpaient sur les vitrines, subtilisaient le plus gros brillant du collier, l'apportaient à une reine...

« As-tu beaucoup souffert de tes opérations, Caterina ? »

Ramenée à la réalité, j'avais bafouillé :

« Oui, enfin, un peu... Pas énormément, beaucoup. »

La pince en l'air, il s'était retourné pour me regarder. Que devais-je répondre pour rester avec lui ?

« Tu n'aimes pas l'école ?

– Non.

– Pourquoi ? »

Je voulais lui faire comprendre ma situation, du moins essayer.

« On continue toujours, on ne s'arrête jamais. »

Il avait posé sa pince et s'était essuyé les mains. Il m'avait prise sur ses genoux.

« Tu veux dire que tu n'arrives pas à suivre ?

– Dès que j'y arrive, ils sont déjà repartis. »

Il me caressait la tête.

« Je comprends, c'est trop difficile pour toi. »

Je m'étais raidie.

« Si, j'ai les capacités, mais eux…

– Ils vont plus vite. »

C'était dur de se l'entendre dire. Mon père était précis, avec la pince et avec les mots.

« Pourquoi vont-ils plus vite ? » avais-je balbutié.

Il avait hésité.

« Ce n'est pas parce que tu es en retard, Caterina, ni parce que ta mère t'a fait l'école à la maison, ni même à cause de tes opérations. Ils vont plus vite que toi parce que tu ne veux pas entrer dans notre monde, tu es bien dans le tien et personne ne doit te déranger, c'est ça ? »

Alors il savait que je trompais mon monde, contrairement à Graziella il ne se faisait aucune illusion. Il voyait bien que mon esprit était loin, que rien ou presque de ce qui se passait dans la réalité ne m'était compréhensible, que les lieux n'étaient pas peuplés seulement de gens, que les objets avaient une vie, que tout était pour moi source de peur et d'excitation. Combien une année avait-elle de mois ? Je devais réfléchir chaque fois. Combien de jours dans un mois, de minutes dans une heure ? Le temps n'avait pas de sens, j'oubliais aussitôt ce qui s'était passé, j'étais déjà dans l'instant suivant. Je ne voulais pas entrer dans leur monde, il l'avait bien dit.

J'avais fondu en larmes :

« Je dois toujours compter sur mes doigts parce que je n'arrive pas à calculer de tête et si la maîtresse nous explique une citation ou nous demande d'écrire une réflexion, j'essaie, mais ce n'est jamais ce qu'elle attend… »

Il m'avait serrée contre lui.

« Voilà ce qu'on va faire. Pour une fois, je veux que tu te sentes libre d'occuper ton temps comme tu le veux. Tu vas partir en vacances à la mer dès maintenant, comme ça tu te reposeras. »

J'avais souri, enthousiasmée.

« Avec vous ?

– Non, on doit encore rester travailler, tu iras avec Irma. Tu nous attendras là-bas, personne ne te dérangera. »

Il m'avait dit cela d'un air entendu, suspect. Sans compter qu'Irma, notre employée de maison, me harcèlerait : « Lave-toi les mains, lave-toi les dents ! » « Finis ton assiette, on ne gaspille pas la nourriture. »

« Irma me commande comme une maîtresse… Je ne veux pas partir sans maman. »

Il s'était levé.

« Je lui dirai de ne t'obliger à rien. »

Le ton de sa voix ne me convainquait toujours pas.

Pour la première fois, je suis partie sans toi, ma mère.

J'allais me coucher toute seule, me réveillais quand ça me chantait. Notre maison semblait abandonnée, comme frappée d'un sort. Tous les matins sur la table de la cuisine, je trouvais mon bol, la casserole de lait, les biscuits. Irma était invisible. De temps en temps, dans le jardin, je l'apercevais derrière une fenêtre.

Je n'étais obligée ni de m'habiller ni de me laver, le rêve. Je sortais dans le jardin en culotte, je sentais mauvais. La nuit, la tête sous le drap, je humais mon corps qui avait repris son odeur, je m'endormais tout de suite. J'imaginais que je retournais en arrière non pas d'un an mais de dix. Je rampais dans le jardin comme si c'était l'enclos, j'avalais des fourmis, j'avais attaché mon chien en peluche à un arbre, je m'allongeais à plat ventre parmi les abricotiers. Je ramassais les fruits dont je me bourrais jusqu'à en avoir le ventre ballonné. Je me vidais aux toilettes en criant de douleur, personne ne venait. Je regardais les colonnes de fourmis, je scrutais dans la terre les sillons que je ne savais plus déchiffrer et qui ne conduisaient nulle part, je décochais un coup de pied au chien. La liberté n'avait pas de sens, les choses ne me parlaient plus. Armée d'un caillou, comme un géant en colère, j'ai écrasé une colonne entière de fourmis, mis en pièces le chien en peluche et éparpillé ses restes dans le jardin. De la murette qui nous séparait de la maison voisine, je me livrais à des tirs d'abricots pourris. Irma me suivait des yeux derrière la vitre. Je lui criais :

« Va-t'en, vieille sorcière, je veux ma maman ! »

Je ne mangeais plus, m'endormais en pleurant et me réveillais en larmes. Je détestais ce jardin où vous m'aviez enfermée, je te voulais toi, ma mère. J'aurais tout promis, tout juré :

« Je m'appliquerai deux fois plus, je réussirai à compter sur mes doigts jusqu'à cent, mille, un million. Je n'écrirai plus jamais grammaire avec trois m ! J'apprendrai mes récitations et je ne me tromperai pas d'un mot. Je lirai mes leçons sans rien sauter, je saurai tout par cœur, pour que tu sois fière de moi. Viens maintenant, maman. »

Viens maintenant, sors de la chambre de la mort et allonge-toi près de moi, vivante.

J'avais escaladé le portail du jardin pour m'enfuir et retourner auprès d'elle. En culotte, pieds nus, j'avais couru sur le chemin qui menait à la grand-route, j'avais regardé les voitures passer à toute vitesse. Aucune ne s'était arrêtée, le monde n'avait qu'indifférence pour moi. Pleurer aurait été inutile, personne ne s'en serait aperçu, des fillettes sales et malheureuses, il y en avait des millions de par le monde. J'avais rebroussé chemin. Sur le sentier, le jardinier et Irma accouraient à ma rencontre.

Ces deux-là sont fiancés. Ils en profitent parce que papa et maman ne sont pas là.

L'homme m'avait prise dans ses bras, il était grand avec des yeux clairs comme les miens. Sa main rêche caressait mes bras nus. Il avait de la terre sous les ongles et dans les plis des doigts, comme mon premier père. Un jour peut-être mes deux vies se rejoindraient, mais pour le moment je n'avais pas le choix, je devais accepter leurs règles, ou le nouveau nom qu'ils m'avaient donné figurerait toujours sur la liste des redoublants.

Ce soir-là, et les suivants jusqu'à votre arrivée, je m'étais douchée. J'avais lavé la crasse et la terre sous mes ongles, frotté mes pieds, mis du talc et une chemise de nuit. J'avais essayé d'établir le contact avec Irma pour qu'elle puisse témoigner de mon repentir.

« Chère Irma, lui avais-je déclaré, j'ai été très méchante, je n'aurais pas dû te traiter de vieille sorcière ni m'enfuir. Je ne le ferai plus. Maintenant je vais manger ce que tu as préparé, lire et aller me coucher. Merci de tout ce que tu fais pour moi. Mais tu devrais aussi me remercier, parce que, avec moi, tu es libre de voir ton fiancé. »

Sage d'accord, mais pas dupe.

Dans le séjour, j'avais choisi un livre. Je ne lirais plus de contes de fées ni de livres pour enfants. Il fallait que je montre que j'étais capable de comprendre leurs textes, d'en parler. J'en avais pris un qui me semblait intéressant, il était annoté dans la marge. J'avais reconnu l'écriture de ma mère. J'avais été conquise à la première phrase.

Je suis née à quatre heures du matin, le 9 janvier 1908, dans une chambre aux meubles laqués de blanc, qui donnait sur le boulevard Raspail.

C'était là un début d'histoire clair et net, bien différent du mien. J'ai lu laborieusement la première page, je ne comprenais pas grand-chose, mais les phrases jaillissaient du livre, composaient des sentiments, des colères, des angoisses, des désirs. En levant les yeux vers la bibliothèque, j'ai vu une foule de livres, une quantité qui m'a semblé infinie. Enfermée dans ce nouvel enclos, je pourrais parcourir les lignes comme autrefois les sillons dans la terre, sauter d'un volume à l'autre, d'un mot à l'autre, dormir entre les pages, me réveiller avec un O au bout du nez, un A sous mon oreiller, un P dans ma chaussure plus haute, celle avec laquelle je pouvais marcher vite, indifférente aux remarques, parce que ce qui comptait maintenant ne relevait pas du corps mais de l'esprit.

Sujet verbe complément. Introduction, développement, conclusion. Principe d'identité, de non-contradiction, du tiers exclus. Je régnerais sur la classe par mon INTELLIGENCE. Je ferais souffrir les garçons par ma SENSIBILITÉ et ma BEAUTÉ. Je surpasserais mon père et ma mère.

Et je garderais enfoui en moi l'autre monde, inaccessible. De temps en temps, il enverrait à la surface des éclairs de prémonition, des intuitions, des vérités que je cacherais à tout le monde.

« Tu as grandi, Caterina, tu sembles différente. »

Je l'avais étreinte sans excès : un baiser mesuré à ma mère, un à mon père.

« Irma et moi, on vous a préparé un gâteau. »

Tu m'avais dévisagée interrogative, ma mère. Papa, lui, souriait, son traitement avait marché.

Le soir, au lit, en regardant la couverture du livre sur ma table de nuit, tu m'avais demandé :

« Où l'as-tu trouvé ?

– Dans votre bibliothèque. »

Tu avais ri.

« Tu n'as pas besoin de lire ce genre de livre, il suffit que tu apprennes bien ceux de l'école et puis tu seras libre d'en choisir d'autres plus adaptés à ton âge. »

Je te l'avais repris des mains.

« Je préfère ceux-ci. Si je ne comprends pas tout, je relis la phrase deux ou trois fois. Je ne crois plus aux livres pour enfants. »

Ce furent mes premières vacances d'adulte, je descendais à la plage et m'asseyais à côté d'eux, un livre à la main. Maintenant, ils n'ordonnaient plus : « Sors de l'eau ! Ne pose pas la tête sur le sable ! Tu ne peux pas te baigner après le repas, mets-toi sous le parasol et lis. On rentre, habille-toi ! Enfile ton peignoir, il fait froid ! »

Les injonctions s'étaient changées en questions prévenantes, inquiètes.

« Tu ne vas pas te baigner ? Tu ne veux pas qu'on fasse un volcan de sable ? Tu as lu toute la matinée, pourquoi ne vas-tu pas jouer ? Tu es pâle, pourquoi ne prends-tu pas un peu le soleil ? »

Cet été-là, tu t'es mise à fumer, à regarder papa bizarrement, avec nervosité. Tu scrutais la mer, jouais avec ta cigarette, aspirant de longues bouffées, comme Sophia, avec qui tu as passé tes dernières soirées avant de partir pour Patmos, ou Dieu sait où, avec le peintre. Pour préparer votre projet de mort ? Essayer de vous aimer sans y parvenir ?

Tu ne voulais plus d'Alfio, tu ne parvenais plus à l'aimer, lui non plus. Aujourd'hui, je pense que ma conversion t'avait plongée dans l'inaction et privée de la joie du combat. Sur la chaise longue, les jambes croisées, tu cherchais une nouvelle voie. Il fallut que passent de nombreuses années avant que je parte pour Paris, que tu rencontres le peintre et que tu décides de quitter papa, pourtant tout était déjà présent dans cet instant où tu as commencé à fumer pour échapper à nouveau au vide en toi que j'avais momentanément comblé.

Ensuite, tu as été heureuse de ma réussite scolaire, inquiète de mes vagabondages érotiques et amoureux, de me voir fumer des joints et « me laisser aller ». Mais tout a commencé pendant ces vacances, quand j'ai choisi d'habiter ton monde et toi de le quitter. Peu importe qu'il ait fallu des années pour cela, tout était déjà là. Nous aurions dû abattre le mur qui ne nous séparait qu'en apparence, comme maintenant dans cette chambre, parce que, en réalité, nous avions la même mort dans le cœur.

Le fils du peintre est ici

Il est arrivé, c'est l'hôtelier qui me l'a annoncé.

« Le fils du peintre est ici, je lui ai donné la chambre mitoyenne de la vôtre. Pour le moment, il est sorti, je pense qu'il est allé à la police. Il a laissé ce message pour vous. »

Je l'ouvre en buvant un thé chaud qui, j'espère, remettra mon estomac d'aplomb après l'excès de vin d'hier soir.

Chère fille de la compagne de mon père, pardonne-moi, mais je ne connais pas ton nom. Je m'excuse de ne pas être venu plus tôt, j'ai appris leur mort il y a deux jours. J'aimerais te rencontrer, aussi pour organiser leur rapatriement. Laisse-moi un message à l'hôtel et je te rejoindrai où tu veux. Daniele.

Je lui ai donné rendez-vous au restaurant des halles, celui de Sophia et Graziella. Je n'ai pas décidé d'aller systématiquement dans les endroits où elle mangeait, déjeunait ou se disputait avec son homme, mais ce sont les seuls que je connaisse.

Il est encore tôt, je suis entrée dans l'immense édifice en fer et en verre et me promène dans le secteur de la viande : des montagnes de côtelettes, steaks, cuisses et blancs de poulet, quartiers de bœuf suspendus à des crocs. Pour arriver ici, j'ai traversé des endroits de la ville où les bâtiments sont recouverts de peintures murales. La crise économique a stimulé la créativité des artistes de rue. Sur une façade, une tête de mort maniant une fourchette vide et surmontée de l'inscription ENJOY CAPITALISM riait jaune. Ici, en revanche, il y a de quoi nourrir la ville entière. De vieilles femmes aux caddies à moitié vides examinent comme des chirurgiens ces corps débités, exposés sur les étals, leurs regards méfiants vont et viennent avec célérité de l'étiquette du prix aux pièces de viande. Près d'une place, sur le mur blanc d'un grand immeuble, quelqu'un a peint à l'envers des mains jointes en prière. Sur d'autres murs, des graffitis chantaient une hypothétique révolution, des jeunes au visage cagoulé lançaient des pierres contre un invisible ennemi. Dans le secteur du poisson, des cadavres de poulpes de toutes tailles étendus sur de la glace, des calamars, des poissons petits et grands, des têtes coupées et des viscères débordent des caisses humides. La tentation m'envahit de devenir végétarienne.

Je me suis repliée dans le restaurant, à une table du fond, entre les tonneaux de vin, et j'ai commandé des olives et un thé chaud. J'attends Daniele, *le fils du compagnon de ma mère*. J'ai déployé sur la table, comme je le lui ai écrit, un plan de la ville en signe de reconnaissance.

À présent, j'ai la sensation confuse, nébuleuse, qu'Athènes n'est pas seulement le lieu de la fin de ma mère, mais de quelque chose de plus grand qu'elle, qu'eux deux. J'entends aussitôt la voix de Giacomo me rappeler à la réalité : « Méfie-toi de ton imagination, tiens-t'en aux faits… »

Et celle de mon père au travail : « Si tu nettoies patiemment les impuretés, la pierre brillera à nouveau dans ta main. »

Pourquoi mon père et mon mari ont-ils désiré des femmes comme ma mère et moi ? Alfio était tombé amoureux de son rire. Giacomo peut-être de la femme à l'imagination débordante. D'aucuns diraient banalement par contraste. Et le peintre ? Graziella l'avait peut-être choisi parce que c'était un artiste, si différent de son mari bijoutier.

« Je déteste tes mains, ton silence… »

Après lui, elle avait choisi un homme dont les mains caressaient et dessinaient son corps.

« C'est toi ? »

Je lève le regard sur l'homme qui est devant moi, il sourit, désigne le plan.

« Je peux ? »

Impossible de lui répondre, j'en ai le souffle coupé : c'est le portrait de son père. Je lui fais signe de s'asseoir.

« Bien sûr… je ne t'attendais pas… »

Il regarde sa montre.

« Il est pile onze heures… »

Je souris, mais mon cœur bat en accéléré.

« Je ne parle pas de l'heure… excuse-moi… »

Je baisse la tête. Son apparence physique bloque toute imagination. Il faut que je trouve la façon de le regarder et d'entamer la conversation. Il me pose la main sur l'épaule, je me dégage. Et il ajoute :

« Je comprends ce que tu ressens… »

Je fais signe que non.

« Il faut que tu m'excuses… mais…

– Je sais, c'est terrible… »

Je relève les yeux et le dévisage. Ses yeux sont différents de ceux de Sebastiano. Son père les avait sombres tandis que les siens sont bleus, mais c'est la même stature massive, le même visage. Il porte ses longs cheveux châtains en désordre, et deux fines rides encadrent sa bouche. Ses yeux sont sérieux, transparents.

Nous nous présentons.

« Tu es allé à la police ?

– Oui.

– Ils t'ont montré les photos ?

– Oui, je n'avais pas rencontré mon père depuis quinze ans, ce n'étaient pas les meilleures circonstances pour le revoir. »

Il use d'ironie, essayant de garder le contrôle de ses émotions.

« Je n'ai pas vraiment connu ton père, j'allais parfois leur rendre visite chez vous, dans la campagne toscane. »

Il baisse les yeux, une mèche plus claire, presque blanche, tombe sur son front. Quel âge a-t-il ? Quarante ans peut-être.

« C'était chez lui… et plus chez nous depuis longtemps. Je vis en Irlande maintenant avec ma famille.

– En Irlande ?

– À Dublin. Ma mère et moi avons ouvert une épicerie italienne, elle est irlandaise. Elle s'en occupait déjà quand elle vivait avec lui. Elle produisait de l'huile, des fromages, du miel. Elle s'est beaucoup investie pour exploiter ses terres, quand elle habitait avec lui… »

Elle s'est beaucoup investie… elle aussi.

« J'ai épousé une Irlandaise, nous avons une petite fille. Et toi ?

– Deux garçons, je les ai laissés en vacances avec mon mari. »

J'achève de me présenter.

« Je travaille dans le cinéma, je suis monteuse.

– Super. »

Nous nous regardons en silence.

« Veux-tu un café ?

– J'en ai trop bu pendant le voyage, éventuellement un verre de vin, même s'il n'est que onze heures du matin. J'ai besoin de boire, la police m'a posé un tas de questions. »

Il se retourne, fait signe au jeune garçon qui sert aux tables. En grec, il lui demande un verre de blanc, il s'exprime avec assurance et détermination. Au moins, je vais avoir quelqu'un pour m'aider dans les démarches administratives.

« Oui, à moi aussi. Ils t'ont dit où en est l'autopsie, quand… on nous les rendra ? »

Il me répond en me regardant bien en face :

« D'ici quelques jours… mais pour eux tout est clair, c'est un suicide.

– Je ne vois pas ce que ça pourrait être d'autre. Ils ont avalé des cachets ensemble, deux flacons, un chacun, on les a retrouvés dans la chambre. »

Il ne répond pas, il sourit et les rides autour de sa bouche se contractent. Une vision étrange, indéchiffrable, me visite maintenant.

Une femme court parmi les arbres, dans la campagne, en tenant un petit garçon par la main. L'enfant trébuche, tombe, la femme le tire par le bras, ils reprennent leur course…

Il boit son verre de blanc cul sec.

« Il fait chaud ici… toujours cette chaleur poisseuse.

– J'arrive de Sicile, j'en ai l'habitude, et puis j'aime la chaleur.

– Moi, c'est une habitude que j'ai perdue. »

Il faut que je lui parle de Sophia, que je lui rapporte ce qu'elle m'a dit.

« J'ai fait la connaissance d'une femme, elle tient une galerie d'art. Elle fréquentait ton père et ma mère. Elle voulait monter une exposition avec ses tableaux. Ils sont tous dans ma chambre, je te les donnerai, ils t'appartiennent même s'il peignait toujours ma mère... à moitié nue. De toute façon, on ne voit pas son visage, je te les donne volontiers. »

Il hausse les épaules, fait la moue.

« Si la galeriste les veut, elle peut les garder... »

Les olives de la soucoupe fondent dans l'huile, il fait vraiment chaud. Mieux vaut ne pas se connaître, chacun va reprendre le cadavre de son parent et repartir chez soi. Je lui dis :

« On y va ?

– Où ?

– À l'hôtel...

– Depuis combien de temps étaient-ils ensemble ?

– Je ne sais pas, dix ans, j'étais encore étudiante, mais peut-être avant déjà. Elle a quitté mon père à cette époque et emménagé chez lui. Ma mère travaillait dans une galerie d'art à Rome, elle a renoncé à son travail pour vivre avec lui. »

Il rit. Sa ressemblance avec son père est insupportable. Je me lève.

« Écoute, j'y vais. Hier soir, j'ai eu un malaise, je voudrais rentrer à l'hôtel... »

Il me force à me rasseoir.

« Attends... je riais parce qu'il réussit toujours à bercer les femmes d'illusions... ma mère aussi... »

Je me lève de nouveau.

« Écoute, je ne veux rien savoir de toi, de ta mère, de ton père. Pourquoi ma mère est tombée amoureuse de lui et comment elle en est arrivée à ce geste, je ne le sais pas et ne veux pas le savoir. Je veux juste l'emmener et l'enterrer dans notre caveau familial. »

Je me dirige vers le comptoir, il me rejoint.

« Laisse-moi payer, s'il te plaît. »

À la sortie du marché, je presse l'allure en m'efforçant de ne pas trop boiter, il me suit, d'ailleurs nous sommes au même hôtel. J'essaie de me souvenir du trajet de l'aller. Je m'arrête, regarde autour de moi, je me suis encore perdue. Il me rattrape, me dépasse.

« Il faut aller tout droit jusqu'à la place Monastiraki. »

Maintenant c'est lui qui marche devant. Grand, un léger embonpoint, il porte un pantalon de toile, des baskets et une chemise bleu marine froissée. Ses aisselles sont marquées d'auréoles de sueur. La mèche de cheveux plus clairs rebondit sur son front.

« Tu connais Athènes ? »

Il se retourne, il a envie de rire à nouveau.

« Si je la connais ? J'y passais trois mois tous les étés quand j'étais petit. Mon père ne jurait que par la Grèce. On arrivait à Athènes, on y restait un mois. Il peignait, ma mère et moi on se baladait. Puis on partait pour l'île. »

Je ne demande pas laquelle, je ne veux pas le savoir.

« Tu boites ? »

C'est la première fois de ma vie d'adulte que quelqu'un a le courage d'être aussi direct. Mieux vaut tout dire tout de suite.

« Mes parents m'ont adoptée à six ans, je ne marchais pas, j'avais un problème aux jambes. »

Il s'arrête, stupéfait, et me regarde de bas en haut.

« Tu ne vas pas me croire, mais quand j'étais petit, je rêvais que j'avais été adopté. »

Je me retiens de répliquer : *Ah oui ? la belle affaire.*

« En tout cas, félicitations, tu as bien récupéré.

– Merci. »

Il dit tout ce qui lui passe par la tête. On repart.

Et revoici l'image du petit garçon qui suit sa mère dans le bois, trébuche, se relève, repart en courant. La seule façon de me débarrasser de ces visions consiste à me concentrer sur des détails de son corps : ses mains enfoncées dans ses poches, ses baskets déformées, son ventre qu'on devine sous sa chemise froissée. Quand il venait ici, ce devait être un gamin fluet aux yeux bleus. Il me montre la place.

« Je passais mes après-midi place Avissynias avec ma mère, on flânait devant les étals. Mon père nous rejoignait et on allait dîner. C'est loin désormais. Je n'aurais jamais remis les pieds en Grèce si je n'y avais pas été obligé. »

Il voudrait peut-être que je lui demande pourquoi, mais je m'en abstiens.

Nous sommes devant l'hôtel, nous entrons et demandons nos clés à la Polonaise, qui nous dévisage avec beaucoup de curiosité : frôlés par la mort de nos parents, nous devenons deux héros tragiques.

Nous prenons l'ascenseur ensemble. Il me regarde avec des yeux transparents, hallucinés.

« Je vais faire la sieste, mais on se retrouve pour dîner si tu veux.

– Merci, je ne sais pas si j'aurai faim, j'ai trop bu hier soir. »

Il grimace un sourire un peu cruel.

« En Grèce, on mange affreusement mal. »

L'ascenseur s'arrête, nous sortons.

« Écoute, on mange affreusement mal, il fait chaud… mais nous ne sommes pas en vacances. »

Tandis que j'ouvre la porte de ma chambre et qu'il se dirige vers la sienne, il me lance un dernier regard intéressé. Il croit peut-être que je devrais l'admirer parce qu'il est désinvolte, cynique, qu'il connaît les rues et la langue.

« Bonne sieste », lui dis-je.

Il me montre la chambre sous scellés.

« C'est la leur ?

– Oui, c'est la leur. »

Je ferme la porte derrière moi.

L'odeur de leurs corps plane toujours

Il pleure, nu et vieux, c'est ainsi que je l'imagine. J'essaie de m'asseoir dans mon lit. Le téléphone a sonné un bon moment avant que je l'entende ailleurs que dans mon rêve : je parcourais un tunnel étroit en craquant des allumettes pour percer l'obscurité. Elles ne duraient que quelques secondes, je frottais la tête et me brûlais les doigts. Le peu de temps où elle brûlait, la flamme bleuâtre éclairait des formes non humaines. La lumière créait des monstres qui n'existaient pas. Ou bien j'en étais entourée et, dans le noir, n'aurais jamais pu me défendre.

La voix de mon père entre ses larmes, si inhabituelle, semble arriver du même endroit inconnu que mon rêve. À la fenêtre, il fait encore jour, combien de temps ai-je dormi ? Il est six heures de l'après-midi.

« Elle ne m'aimait plus, je la comprends, même moi je ne peux pas me souffrir : toujours les mêmes gestes, tous les matins, le même souci du détail...

– Papa, pourquoi tu me dis ça ?

– J'ai besoin d'en parler... je ne l'ai jamais dit à personne... »

C'est vrai, nous n'avons jamais abordé ouvertement leur crise conjugale. Je me lève, m'approche de la fenêtre : sur le rocher, le temple est parfait dans la lumière qui décline, une nuée de touristes l'escalade de tous côtés, c'est l'heure la plus fraîche pour une visite.

« J'ai essayé de changer, de faire autre chose, de quitter la maison, le magasin, de comprendre si j'avais vraiment choisi mon travail. Surtout les premières années de notre mariage...

– Papa, c'est si loin maintenant...

– Pas pour moi... Quand on s'est rencontrés, j'étais fiancé, je te l'ai déjà raconté ? »

Les mêmes phrases répétées, les mêmes faits, les coïncidences qui ne révèlent rien.

« Cette fille... je l'avais connue à l'université, c'est elle qui était tombée amoureuse la première. On allait dîner au ghetto : les gens dehors en famille, les artichauts frits. Dans l'atmosphère de fête de ce quartier, nous nous sentions gais et légers, ce qui n'était pas dans notre nature, mais aucun des deux ne demandait à l'autre d'apporter du mouvement dans sa vie. Nous pouvions lire des heures en silence. Je marchais avec elle sur les quais du Tibre après le dîner, main dans la main, au cœur une mélancolie qui m'accompagnait depuis mon enfance. Puis j'ai rencontré ta mère... »

L'histoire du théâtre, combien de fois ne l'ai-je pas entendue...

« Je m'étais déjà retourné pendant le premier acte, à cause de ses fous rires : on aurait dit une gamine de sortie avec ses copines. Plusieurs fois, je suis allé la chercher à la galerie où elle travaillait. Ses paroles, sa façon de se pendre à mon bras, ses questions. "Un bijoutier est un artiste... disait-elle. Si le métier de ton père te plaît, où est le problème ?" Elle me parlait de sa famille, de leur perpétuel désordre, de sa mère sans ressources. Son père les avait abandonnées pour une autre femme. Elle me disait : "Je suis partie de chez moi à dix-huit ans ! La vie est trop belle pour qu'on récrimine, pas le temps, on a trop de choses à faire..." Comment se retrouvait-elle avec un homme comme moi ? »

La voix de mon père est un souffle humide dans l'écouteur, il attend de moi que je réponde.

« Tu n'es coupable de rien. Maman a choisi de partir, de venir ici, de mourir...

– Ne parle pas comme ça... », murmure-t-il.

Trois grands coups à la porte de ma chambre couvrent sa voix. Je comprends aussitôt de qui il s'agit.

« Attends, je vais ouvrir... »

Il est sur le seuil, sa mèche blanche tombant sur son front, il s'est lavé, mais il a toujours son air hagard.

« Regarde ce que j'ai dégoté ! »

Il agite sous mon nez une paire de clés accrochées à une petite plaque.

Il sourit :

« C'est la Polonaise qui me les a données en échange d'un pourboire.

– Qu'est-ce que tu comptes faire ? Je suis au téléphone avec mon père…

– Raccroche, ma mère aussi s'éternisait. »

Il me prend par la main.

« Allons-y.

– Laisse-moi au moins lui dire au revoir, je te rejoins. »

La porte est entrouverte, il est déjà à l'intérieur. Je suis sûre que ce n'est pas une bonne idée. Le panneau de mise sous scellés se balance à la poignée. Je pousse la porte avec un doigt, l'odeur de leurs corps plane toujours. Je plaque ma main sur mon nez et respire intensément ma peau. À l'intérieur, il fait sombre, je pense aux allumettes de mon rêve. Je sursaute au son de sa voix :

« Ferme la porte, que je puisse allumer. »

Je m'exécute, j'espère qu'il n'est pas fou comme il en a l'air.

« Ferme à clé.

– Je crois que nous ne devrions pas être ici, ils vont voir qu'on est entrés.

– Qui ?

– La police. »

Il rit.

« Tu as vu le panneau ? C'est un simple bout de carton avec, écrit dessus à la main, *Défense d'ouvrir cette porte.* »

Je donne un tour de clé, il appuie sur l'interrupteur. La lumière nous aveugle. Il règne le désordre d'une chambre d'hôtel quittée par deux touristes après une nuit d'amour mouvementée : le lit défait, les tables de nuit de travers. Puis je vois l'endroit où l'on a retrouvé ma mère. Il n'y a pas d'objets personnels, tout a été emporté, les verres et les deux flacons de somnifères, les tableaux, leurs valises, les restes du dîner, les chaussures dont celle au talon cassé que Graziella tenait à la main.

Daniele scrute le sol près de l'armoire.

« Il était allongé là, nu.

– Ils t'ont donné ses affaires ?

– Sa valise, mais j'y ai trouvé aussi des soutiens-gorge, des slips de femme...

– Dans celle de ma mère, il y avait deux brosses à dents, des rasoirs pour homme... Ils n'ont pas fait la répartition avec beaucoup de soin.

– Ça sent encore le tabac... »

Je respire l'odeur persistante de la nicotine. J'imagine un des policiers fumant tandis qu'on emporte leurs corps.

« Les types de la police...

– Non, mon père... Il fumait toujours quand il peignait, à table, dès le matin au réveil, plus il était nerveux, plus il fumait. »

Daniele s'approche du mur, le frotte avec son doigt.

« Ne touche à rien...

– C'est de la peinture... Il peignait ici aussi. »

Il regarde à la ronde, éploré, soudain envahi par la tristesse. Je lui raconte ce que j'ai appris.

« Ton père peignait partout, même dans les bars. J'ai reconstitué leur voyage : avant de venir à Athènes, ils ont visité les Cyclades, puis se sont installés en ville, ils ont rencontré Sophia, Philippos. Ma mère s'est liée d'amitié avec Sophia, elles sortaient parfois toutes les deux le soir. Un jour, ils se sont disputés et sont partis sans avertir leurs amis grecs. Ton père voulait aller à Patmos, je ne sais pas s'ils y sont arrivés. Ils sont rentrés à Athènes, dans cet hôtel où personne ne les connaissait.

– Nos vacances s'achevaient toujours à Patmos, et pas de la meilleure façon. »

Je le dévisage, incrédule. Son père a refait le même parcours avec ma mère, pourquoi ?

Daniele relève une chaise renversée, Sebastiano l'a peut-être bousculée en sortant du lit pour arrêter Graziella qui tentait d'atteindre la fenêtre. Ils ne tenaient pas debout, ils avaient peur. J'ai l'impression que leurs corps absents sont encore ici.

Je m'approche de l'armoire, la porte est entrouverte ; à l'intérieur, des cintres sont tombés. Quand je me retourne, il est assis et me regarde de ses yeux bleus, transparents comme des billes. J'observe :

« Tu ne devrais pas t'asseoir là... »

Il sourit en rejetant la tête en arrière.

« Ici je sais exactement comment mon père se sentait et aussi pourquoi ta mère l'a suivi. C'est un sentiment auquel il est difficile de résister. Nous l'avons tous connu un jour, mais, pour certains, c'est une maladie. »

J'ai froid, je m'efforce de penser qu'il fait trente degrés dehors.

« Sortons.

– Attends… Cette chambre nous dit un truc important. Regarde la lampe au plafond… »

Je lève la tête, l'abat-jour en tissu est d'une couleur indéfinissable, ni beige ni gris, l'ampoule à basse consommation éclaire le sol d'une lumière verdâtre, déborde sur les murs blancs.

« … les pieds du lit, la couverture, la télévision, la glace dans l'armoire… Toutes les chambres sont identiques, des milliers de lits, de couvertures, de télévisions, de glaces, de porte-savons, tous les mêmes… Nous entrons avec notre valise, nous l'ouvrons, et voilà que la chambre semble n'être qu'à nous, différente de toutes les autres parce que nous l'occupons avec nos affaires. Mais regarde autour de toi… Combien de fois se sont-ils aimés ici, combien de fois se sont-ils disputés, puis réconciliés et il ne reste plus rien d'eux… C'est dans cet état que la Polonaise voit les chambres tous les matins quand elle les refait, mais elle est trop occupée pour s'en apercevoir.

– S'apercevoir de quoi ?

– Mon père et ta mère ont vu cette chambre comme nous la regardons nous en ce moment, lugubre. Ils étaient encore vivants, leurs cœurs battaient, ils transpiraient, ils pouvaient se parler, se toucher, s'embrasser, mais, pour eux, elle était déjà un espace anonyme, complètement vide. »

Je me dirige vers la porte.

« J'y vais.

– Attends, ne te sauve pas. Tu voulais savoir pourquoi ils l'ont fait ?

– Non.

– Bien sûr que si, tu veux le savoir, comme tout le monde, et tu as la chance extraordinaire de m'avoir rencontré.

– Ça ne m'intéresse pas. »

Il se lève, maintenant il me sourit avec douceur, il s'approche.

« Tu ne dois pas avoir peur, je suis affranchi de tout ça, ma mère et moi avons souvent pensé qu'il finirait par passer à l'acte. Combien de fois ai-je imaginé qu'on m'appellerait et que je devrais m'occuper de tout, mais je ne pensais pas qu'il entraînerait une femme.

– Ma mère…

– Ce devait être une bonne candidate, tu sais peut-être pourquoi… Mais au moins, pour ta consolation, tu as été adoptée, tu ne peux pas lui ressembler. Moi, quand j'étais petit, je rêvais que je n'étais pas son fils… »

Je tourne la clé dans la serrure, il retient ma main.

« Hé, je veux t'aider, tu sais. Il faut aller jusqu'au bout, comme c'est arrivé à ma mère et moi, pour ne plus accorder d'importance à l'endroit où tu es, pour réussir à te sentir toujours en vie.

– Éminemment poétique…, dis-je en prenant la porte.

– Pas du tout, éminemment pratique. »

Le destin nous a réunis ici

« Dans mon enfance, il y avait des journées parfaites, que ce soit dans notre maison en Toscane ou ici. À Patmos, c'était plus rare, mon père se renfermait, il visitait la forteresse et y passait ses journées pendant qu'on se baignait ma mère et moi. Ou il allait à la grotte de Jean, "pour me charger en énergie", disait-il. Quand j'ai lu l'*Apocalypse*, j'ai compris de quelle énergie il s'agissait... »

En sortant de leur chambre, Daniele m'a proposé d'aller faire un tour. Je l'ai suivi : j'étais angoissée à l'idée de rester seule dans la mienne, après avoir vu la leur.

Nous marchons dans la rue piétonne du centre parmi la foule, les éclats de voix, les boutiques et les étals. Le soleil est bas, mais la chaleur encore intense.

« Qu'as-tu fait depuis ton arrivée ? me demande-t-il.

– Rien, je te l'ai dit, je ne suis pas en vacances.

– Allons au Céramique, c'est superbe au crépuscule.

– De quoi s'agit-il ?

– D'un cimetière. »

Je le regarde.

« Trop aimable de m'emmener dans un cimetière... »

Il rit :

« C'est un site archéologique, la nécropole d'Athènes.

– Et que trouverait-on dans ce cimetière ?

– Un peu de fraîcheur, moins de monde... Quand j'étais petit, on allait y pique-niquer.

– Sur les tombes ?

– Oui, il n'y avait pas grand monde, personne ne nous voyait... J'adorais cet endroit. Ils s'allongeaient à l'ombre et moi je jouais dans les alentours, à la recherche d'un astragale... »

Je m'arrête et le dévisage.

« Un astragale ? »

Daniele continue à longues enjambées rapides, j'essaie de ne pas me laisser distancer. Il se retourne en souriant, d'une main il repousse la mèche blanche sur son front.

« Tu sais ce que c'est ?

– Pourquoi tu marches aussi vite ? On ne court pas à un rendez-vous... »

Il ralentit.

« Tu as raison, excuse-moi… C'est ma façon de marcher, comme si je devais toujours me dépêcher d'arriver.

– Évidemment que je sais ce que c'est, un astragale, je suis sans doute la mieux placée pour le savoir ! C'est l'os au bout de la jambe, celui qui fait bouger le pied… Dans mes astragales, on a planté deux jolies vis : le droit n'a jamais eu de problème, l'autre, ils l'ont perforé deux fois, scié en partie, avant de renoncer. C'est pour ça que je boite… »

Maintenant c'est lui qui s'arrête, au milieu de la foule en short et débardeur qui nous dépasse et nous bouscule. Il répète :

« C'est dingue, c'est dingue… »

Puis il repart et me demande comme un gamin excité :

« Mais tu connais sa forme au moins ?

– Ma mère me l'a montrée quand j'étais petite, on dirait une carapace de tortue…

– Non ! On dirait un dé, il a quatre côtés. D'ailleurs on s'en servait de dé dans l'Antiquité, on gravait un chiffre sur chaque face. Les femmes et les enfants y jouaient au Moyen-Orient, en Grèce, et plus tard en Italie.

– Tu veux dire qu'on jouait avec des os humains ? »

Il rit à nouveau.

« C'est sans doute arrivé de temps de temps, on n'était pas très regardant à l'époque, mais en général il s'agissait d'os de mouton, de chèvre ou de porc. Le musée du cimetière possède une stèle qui représente quatre femmes attablées pour jouer. Mon père me racontait que les tombes des enfants contenaient des astragales pour qu'ils s'amusent après leur mort... Il m'avait offert un livre avec des statues d'enfants qui en lançaient dans la rue et à l'école. J'étais fou de ce livre et convaincu que tôt ou tard je trouverais moi aussi un astragale parmi les tombes...

– Et alors ?

– Un jour, j'ai trouvé un os, mais c'était une rotule de chèvre morte de fraîche date, ça ne comptait pas. »

Il baisse la tête, regarde mes pieds.

« Sûr que ç'aurait été un joli coup de trouver deux astragales traversés d'une vis...

– Je peux te les léguer.

– Avertis-moi quand tu mourras, je viendrai les récupérer... »

Qui est cet homme ? Un gamin attardé ou un fou, fils d'un peintre déséquilibré ?

Une poignée de touristes parcourent la voie sacrée, les ruelles qui longent les tombes et les pierres. Ils parlent à voix basse, comme dans une église. Au loin, le Parthénon nous accompagne partout, tel un trophée.

Daniele est allongé sous un grenadier, les jambes croisées, pieds nus. Soudain il se redresse.

« Montre-moi tes cicatrices !

– Quoi ? »

Il attrape mon pied gauche dans la sandale orthopédique, le tourne entre ses mains. Je me dégage.

« Qu'est-ce que tu fais ? »

Il renonce aussitôt.

« Comment était la famille de salauds qui t'a abandonnée ?

– Ils sont tous morts… »

Il me dévisage avec intérêt.

« Au moins ils ont une excuse. Tu sais combien il y a de morts ici ? Essayons de calculer, en admettant qu'ils aient commencé au VIIIe siècle avant Jésus-Christ jusqu'aux Romains… peut-être même après, va savoir. Dix siècles de morts ou presque. En arrondissant à cinq mille morts par an, plus si on compte les guerres… c'est dingue : nous sommes assis sur cinq millions de morts… »

Un fou, fils d'un peintre déséquilibré. Je ne suis pas obligée de passer mon temps avec lui en attendant l'autopsie. Il saute d'un excès d'entrain à des éclairs de tristesse subite.

« Allez, raconte : de qui es-tu la fille ?

– Non, dis-moi toi de qui tu es le fils ! Ma mère est morte avec ton père, je veux savoir qui c'était. »

Il soupire, se redresse.

« Tu as raison, tu as cent fois raison… »

Il frotte ses pieds dans l'herbe, se lève, arrache une grenade sur l'arbre et la jette contre le tronc pour la fendre. Les grains rouges se répandent par terre. Daniele suce l'intérieur, en se tachant les lèvres. Je pousse un soupir :

« Le gardien va passer et nous expulser ! »

Il s'assied sur un muret.

« Tu en veux un peu ?

– Non. »

Il continue comme s'il ne m'avait pas entendue.

« Alors je commence par ma fille qui a trois ans : elle s'appelle Aileen, comme ma mère. Quand j'ai su que ma femme attendait une fille, j'ai pensé que, pour moi, ce serait plus facile. Même si, physiquement, ma fille adorée est le portrait de Sebastiano…

– Toi aussi. »

Il repousse la grenade, crache les grains, me regarde.

« On me l'a répété toute mon enfance. Je m'y suis habitué, quoi qu'il en soit je dois faire avec lui, tous les jours, encore maintenant, mais pas elle. Mon père et ma mère se sont connus à Athènes, ils revenaient ici chaque été pour célébrer leur rencontre. Puis, au fil des années, ils y sont venus par habitude. Ma mère par passion morbide pour le lieu où elle avait été heureuse avec mon père, et lui pour "se soigner". »

Sa main libre dessine des guillemets.

« Il avait souffert de scoliose. "Il n'y a que la chaleur de la Grèce et la mer qui me soulagent", disait-il. Il nageait des heures, pêchait, peignait. Il m'emmenait pêcher avec lui… »

Avec une moue, il jette au loin la moitié de grenade.

« Et si elle atterrit sur la tête d'un touriste ?

– Alors on se sauvera en courant... »

Un gosse.

« Mes grands-parents lui avaient légué leur maison en Toscane et de l'argent, mais il vivait avec peu. Ils l'avaient élevé à la dure, ils étaient avares, comme tous les riches. Jeune, il avait eu sa période hippy, goûté à la drogue, fait tous les métiers. Un sacré type, mon père, fortiche, un grand bonhomme. Aujourd'hui encore, alors que je sais tout de lui, je dois reconnaître que ma mère était tombée amoureuse d'un homme pas ordinaire... La tienne aussi, d'ailleurs...

– N'y mêle pas ma mère...

– Et pourquoi ? Il me semble qu'elle a mordu à l'hameçon elle aussi, non ? »

Je me lève, ramasse mon sac et m'éloigne. En un bond il me rattrape.

« Attends, attends... »

Il me saisit par le bras. Je me débats.

« Ne me touche pas ! Tu as compris ? »

Il me lâche.

« Tu as raison, tu as raison...

– Et arrête de rabâcher "tu as raison" et "c'est dingue" ! »

Il sourit, maintenant il est triste.

« Tu as... Je pense comme toi, je ne suis pas tout à fait normal moi non plus, je m'en rends compte, mais, d'un autre côté, j'ai mes raisons. Non, je t'arrête ! J'ai dit "j'ai mes raisons", pas "tu as raison" !

– Dieu du ciel, comment elle fait, ta femme ?

– Pourquoi ? »

Je me dirige vers la sortie.

« Tu parles, tu joues les désinvoltes, tu sautes d'un sujet à l'autre comme si on s'était connus par hasard ici en vacances, et pas parce que nos parents se sont suicidés ensemble… »

Il s'arrête.

« Je suis vraiment désolé pour ta mère… J'imagine que tu étais très liée à elle. J'ai été bouleversé moi aussi en apprenant la mort de mon père, mais dans une certaine mesure seulement, je te l'ai dit, je savais que ça pouvait arriver. En revanche, ma mère réagit comme s'ils s'étaient rencontrés hier, comme s'ils ne s'étaient jamais séparés, elle pleure, désespérée…

– Mon père aussi… »

Il bondit de toutes ses forces, et hurle :

« Eh bien, non ! Ce n'est pas admissible ! »

Je me retourne, un groupe de touristes nous regarde.

« Tu ne pourrais pas arrêter de bouger et parler sans hurler, comme tout le monde ?

– Non, je ne peux pas. Il faut que je bouge, les mots ne me suffisent pas, je n'y peux rien. Quand on me connaît, on le sait.

– Oui, voilà, quand on te connaît. Marchons, ça te permettra de bouger, mais sans cavaler parce que je boite comme tu me l'as fait remarquer d'entrée de jeu. »

Il a un petit rire.

« Mais j'aime bien… Et puis, en réalité, ça ne saute pas aux yeux… C'est pour cette raison que je voulais voir tes cicatrices et puis je voudrais en savoir plus sur ton adoption, la famille d'où tu viens, tout. Le destin nous a réunis ici, profitons-en. »

Je le regarde.

« Mais tu t'entends parler ? Je t'interrogeais sur ton père, il avait quoi ?

– En deux mots ?

– Trois, pas plus.

– Tu es forte, Caterina. C'est bien ton prénom ?

– Celui que mes seconds parents m'ont donné, l'autre je ne le connais pas.

– C'est din… incroyable.

– Alors ?

– Troubles bipolaires. Deux mots qui n'expliquent pas grand-chose : pendant un certain temps tu as la banane en permanence, tu te sens euphorique, tout-puissant, tu peux ne pas manger, ne pas dormir, tu penses et parles à une vitesse stupéfiante, comme sous l'emprise de la cocaïne… Puis soudain, sur le même masque, quelqu'un dessine une bouche aux coins tombants, le monde entier devient comme cette chambre d'hôtel où nous sommes entrés, tu es au royaume des morts alors que tu es vivant… »

Je lève les yeux, nous nous sommes arrêtés sous une stèle surmontée d'une statue de taureau qui rue, furieux, tête baissée, le pénis apparent. Daniele se retourne pour l'observer.

« Le taureau, symbole de Dionysos... »

Il sourit comme pour se faire pardonner quelque chose.

« ... le dieu primordial et sauvage de la nature. Tu le connais ? Disons qu'il se trouve en chacun de nous et que parfois il piaffe...

– Je sais, j'ai fait des études moi aussi... »

Il lève les mains, paumes vers moi.

Il n'avait pas bougé,
ses yeux étaient baignés de larmes

Sur le môle du port touristique du Pirée, je me bouche une oreille pour entendre Giacomo. Lui aussi est au bord de la mer, devant un restaurant, il a laissé les enfants à table pour m'appeler. Ici on est dans un vacarme d'ados qui boivent et chahutent. Un haut-parleur déverse de la musique grecque à l'extérieur du bar. Je me dirige vers le môle à la recherche d'un peu de silence. Les lumières des bateaux trouent le ciel qui n'est pas encore noir.

« Je dîne avec le fils : un fou, qui avait coupé les ponts avec son père. Sebastiano souffrait de troubles bipolaires…

– Graziella ne t'en avait pas parlé ?

– Penses-tu, elle ne m'aurait jamais avoué que l'homme de sa vie était malade… Si tu veux mon avis, ma mère aussi devait passer par de sérieux hauts et bas...

– Je sais ce que signifie être bipolaire et ta mère ne l'était pas... Elle débordait d'énergie, voilà tout.

– Hum, autant d'énergie, ce n'était pas normal... Il fallait toujours qu'elle se jette dans quelque chose.

– Écoute... J'ai abordé le sujet avec les enfants.

– Que leur as-tu dit ?

– Qu'elle ne se sentait pas bien et que tu es allée la voir... Je ne pense pas qu'ils doivent connaître toute la vérité...

– Oui, bien sûr, comment peut-on parler de suicide à des enfants ? Ils n'ont pas encore compris qu'on meurt, je ne vois pas comment leur dire que leur grand-mère a décidé de mourir avant l'heure... »

Je lance un regard vers la table où est assis Daniele. Il parle avec animation à un serveur.

« Comment ça va, Giacomo ?

– Bien. Et toi, où es-tu ?

– On est venus au Pirée en métro. Daniele connaît bien Athènes et la Grèce, ils passaient toutes leurs vacances ici... Tu ne trouves pas inquiétant qu'il l'y ait emmenée, elle aussi ? Je veux revenir près de toi, j'ai peur... Je te manque ?

– Trop. Nos difficultés de couple ne sont pas si graves... Si je pense à ta mère...

– Ne dis pas ça...

– Pourquoi ?

– Je ne veux pas être condamnée à aller bien parce que ma mère s'est fait du mal... C'est une sorte de chantage. Pourquoi l'a-t-elle fait ? Pourquoi n'a-t-elle pas pensé à moi ? Pourquoi ne m'a-t-elle pas laissé de message ?

– De ton point de vue, elle a été égoïste, c'est vrai, et cruelle aussi. Mais essaie de la voir comme une femme désespérée ou qui a échoué.

– Avec moi, elle jouait toujours les enthousiastes, elle se montrait pleine de vie, amoureuse de son peintre... Et puis on est peut-être incapable de voir sa mère comme une femme désespérée... On pense toujours que si on est là, tout devrait aller bien pour elle. Surtout quand c'est elle qui est venue vous chercher...

– Tu as raison, mais prendre la mesure de son désespoir pourrait t'aider à ne pas trop lui en vouloir.

– Mon père pleure, toi, tu me donnes des conseils, et ma colère, je la mets où ?

– Apporte-la, je saurai la supporter, je crois.

– Super...

– Veux-tu parler aux enfants ?

– Non pas encore, je ne peux pas. Au revoir, Giacomo.

– Au revoir. »

Je rentre dans le restaurant, je serre mon téléphone dans mon poing comme un caillou. Je vois Daniele au fond de la salle, il me dévisage en souriant, mais il remarque mon expression et redevient sérieux.

Je m'assieds, glisse mon portable dans mon sac.

« J'ai commandé des *mezédes* pour deux, une assiette de *kalamarákia*, une de *garídes* et une de *krasati*, plus deux grosses salades. J'ai mal fait ? demande-t-il, hésitant et en élevant la voix pour se faire entendre.

– Tu as très bien fait, sauf que je n'ai pas faim.

– Moi, j'ai une faim de loup. Je n'ai rien mangé de la journée.

– Bien. »

Nous nous taisons, il boit du vin. Le port grouille de monde, le restaurant aussi, les gens descendent de bateau et cherchent une table. Nous en avons trouvé une tout de suite, Daniele connaît le fils du propriétaire depuis qu'ils étaient petits. Aujourd'hui, c'est un moustachu bedonnant. Ils se sont donné l'accolade. Je lui demande :

« Ça t'a remué de revenir si longtemps après ? »

Il dégage la mèche blanche de son front.

« Je pensais que ce serait pire, je croyais que chaque pierre ici était liée à mon père, mais c'est faux. Pendant qu'ils se disputaient, que ma mère pleurait, que lui fumait et s'enfonçait dans ses pensées, j'allais à la pêche, je me régalais de poisson. Le dernier été, je prenais le métro et je venais sur le port tout seul, c'est là que j'ai rencontré Alexandros, on pêchait à la ligne ensemble. »

Il sourit.

« On ne prenait jamais rien, des heures en plein soleil à transpirer, les seuls poissons qui mordaient étaient minuscules, ils nous faisaient pitié et on les rejetait à l'eau. Quelle patience ont les enfants ! Aileen aussi peut jouer des heures à la même chose, je la regarde et elle me calme...

– Ce n'est jamais la même chose... Nous, la répétition nous ennuie, tandis que, pour eux, c'est toujours la première fois. »

Il me dévisage.

« Comment le sais-tu ?

– Je les observe, et... je sais aussi que quand tu étais petit, à treize ans (c'est toi qui m'as dit l'âge), tu t'es sauvé avec ta mère en traversant un bois. Maintenant je pense que c'était près de votre maison en Toscane. Il avait plu, la mousse était glissante. Tu es tombé pendant votre fuite... »

Je l'ai soufflé, il me regarde bouche bée. Alexandros arrive avec son ventre et cinq assiettes de calamars, seiches et crevettes. Il ne parle qu'en grec et lance une boutade en me regardant. Daniele répond et il s'éloigne en riant. Je demande :

« Il n'est pas au courant pour nos parents ?

– Non, j'ai préféré ne pas le lui dire pour éviter pleurs et condoléances. Les Grecs sont encore plus expansifs que nous. »

Je me souviens de Sophia et Philippos qui n'avaient pas attendu pour pleurer.

« Il m'a demandé si tu étais ma femme, je lui ai dit que tu étais une amie. » Puis il me regarde dans les yeux, sérieux : « Cette histoire de fuite, comment la connais-tu ? C'est mon père qui te l'a racontée ? »

Je prends deux crevettes au yaourt et deux calamars farcis, tandis que Daniele se sert de tout.

Je secoue la tête : « J'ai cette capacité depuis mon enfance : quand je vois une personne, je lui associe aussitôt des scènes, des situations. Pendant les six premières années de ma vie, je ne parlais pas. Les médecins pensent que je souffrais d'une paralysie infantile, personne ne m'avait soignée, mes parents étaient pauvres et ignorants. Pour moi, le monde était sans paroles, plein de signes, d'atmosphères, de significations. J'ai gardé de cette période cette étrange intuition sur les gens... Comme tu le vois, moi non plus, je ne suis pas tout à fait normale. »

C'est la première fois que je parle de mon sixième sens à un étranger. Daniele mastique tandis que sa jambe sous la table est agitée d'un mouvement compulsif.

« C'est din... » Il s'interrompt et ajoute : « Je veux dire, tu es dangereuse !

– Tu peux arrêter de bouger cinq minutes, tu fais trembler toute la table !

– On dirait ma mère, elle me répète tout le temps : "Arrête de gigoter quand tu manges !"

– Comment ça, je suis dangereuse ?

– Eh bien, le passé se présente à ton esprit avant qu'on te le raconte.

– Ce ne sont que des bribes et ça n'arrive pas avec tous les gens que je rencontre. Puis, au fur et à mesure que je les connais, ça ne marche plus, ils deviennent uniquement ce qu'ils disent.

– Et donc, tu les connais de moins en moins…

– Exactement. »

Daniele boit du vin, me regarde, réfléchit.

« Et ton mari ?

– Quoi ?

– Ça a marché, ce truc ? »

J'ai envie de rire, je pense au cadre dans lequel nous nous sommes rencontrés.

« Ma foi, ce n'était pas évident que quelque chose me vienne à l'esprit. J'étais allongée sur sa table d'examen, jambes écartées.

– Il est gynécologue ?

– Oui, je venais de rentrer en Italie après mes études en France. Je ne connaissais pas beaucoup de médecins, je me suis adressée à un organisme qui s'occupait de prévention. Il était le plus jeune du service, je suis tombée sur lui.

– Tu sais ce que je me suis toujours demandé ? » dit-il en se resservant copieusement.

Je pose ma fourchette dans mon assiette, la nausée revient.

« Oui, je le sais : comment un gynécologue voit-il une femme ? Tout le monde me le demande. Arrête de manger, tu vas te rendre malade !

– De plus en plus ma mère.

– Arrête, j'ai trente-neuf ans !

– Moi aussi… Stop, on ne dit pas "c'est dingue" ! »

Le voilà ravi de cette découverte.

« Tu es de quel mois ?

– Juin.

– Non, pas possible ! Tu es née où ?
– À Rome.
– Zut, moi à Florence… Tu te rends compte, on aurait pu être voisins de berceau, nous connaître avant nos parents candidats au suicide. »

Ses yeux brillent, dans sa tête il se passe le film de notre rencontre de nouveau-nés. Il soupire.

« C'est bon, continue : tu es allongée sur la table d'examen, lui entre tes jambes… et après ?

– Rien, il m'a auscultée sans jamais me regarder dans les yeux. Je me suis rhabillée, je me suis assise en face de lui, je l'ai observé pendant qu'il rentrait les données dans son ordinateur, il était mignon et consciencieux. J'ai pensé : il est jeune et prend son travail au pied de la lettre, comme moi. À cette époque, j'étais assistante. Et puis bing, une image m'est venue : un petit garçon, cadet d'une famille nombreuse, la maison pleine de monde et lui à l'écart dans un coin qui lit ; dans sa famille, il se sent un étranger comme moi.

– Et c'était vrai ?

– Bien sûr, Giacomo est calabrais, cinq enfants, du bruit tout le temps et lui semble né ailleurs… »

Il rit.

« Je comprends ton intérêt, et après ?

– Après, ses yeux ont quitté l'écran de l'ordinateur, il m'a regardée et a rougi, parce que (il me l'a dit ensuite) mes yeux l'avaient frappé. Voilà comment un gynécologue voit une femme : comme une patiente. Il s'aperçoit peut-être qu'elle est belle ou pas, jeune ou vieille, mais si les yeux se croisent et qu'il se passe quelque chose... alors elle devient une simple femme. »

Daniele me dévisage.

« En effet tu as de très beaux yeux... Je peux te poser d'autres questions ?

– Oui, mais demande l'addition, je ne peux pas voir toutes ces assiettes, je me sens encore barbouillée d'hier. »

De loin, il fait signe à Alexandros de nous apporter l'addition.

« De toute façon, c'est toi qui me dois une réponse : où courais-tu derrière ta mère dans le bois ? »

Il se renverse contre le dossier de sa chaise, sourit :

« Dans mon cas, contrairement à celui de ton mari, tu as commis une erreur. Je ne courais pas derrière elle, c'était moi qui l'entraînais. Je la tenais par la main, puis j'ai glissé, mais je me suis relevé aussitôt et je lui ai repris la main : il ne fallait pas que je lui laisse le temps de réfléchir. C'était le soir, mon père s'était enfermé dans son atelier pour fumer et peindre, c'était le moment idéal. Il mettrait du temps à s'en apercevoir... Mais ce n'était pas le problème. Ma mère menaçait sans cesse de partir et il lui disait de rester, que tout allait changer, mais sans conviction, sans énergie. Il était dans une période noire, il se levait l'après-midi, restait réveillé toute la nuit. "Comment je pourrais le quitter dans cet état ?” me disait ma mère tous les soirs, oubliant ce qui s’était passé entre eux, et qui se reproduirait. Il ne l’a jamais frappée, ce n’était pas son genre, c’était un homme bon. Les gens qui le connaissaient superficiellement disaient qu’il avait toutes les qualités : beau, riche, artiste, séduisant, généreux. Et c’était vrai. J’adorais mon père quand il allait bien.

– Alors que vouliez-vous fuir ? »

Ses yeux ont un éclair dur.

« Tu veux vraiment le savoir ? Je vais te raconter un épisode au hasard : j’avais cinq ans, nous étions ici, au bord de la mer. Ma mère m’avait laissé seul sur la plage avec lui. Je nageais, plongeais la tête sous l’eau, me remplissais la bouche pour tout recracher, faisais des roulades. Il était assis, il me regardait. Les jours passaient ainsi, il n’avait aucune volonté, aucun désir : il s’asseyait quelque part et y restait. Dans une roulade, j’ai perdu le sens de l’orientation, j’ai coulé et bu la tasse. Un long moment qui n’en finissait plus, puis les mains de ma mère qui me ramenaient à la surface, me tapaient dans le dos, j’ai vomi de l’eau. Il n’avait pas bougé, il était assis sur sa serviette, les yeux baignés de larmes. »

Je regarde ses yeux clairs, hallucinés.

« Je t’ai bouleversée ? me demande-t-il.

– Non, j’ai souvent pensé moi aussi que j’étais vivante par miracle… »

Il me regarde avec intérêt.

« C’est-à-dire ?

– Je te raconterai mon histoire …

– Il ne faut pas y penser, moi j'ai arrêté, ça fait mal. Ma mère m'a tiré de l'eau, je suis ici. Depuis, j'ai toujours vécu avec l'idée que je ne voulais pas gâcher ma vie en l'accusant... Et voilà que ce salaud m'oblige à revenir ici. »

Je le regarde prendre la note des mains d'Alexandros en lançant une boutade. Je repense à ce que Graziella disait à mon père quand ils se sont rencontrés :

La vie est trop belle pour qu'on récrimine contre ses parents, pas le temps, on a trop de choses à faire...

Daniele sort son portefeuille.

« Je t'invite.

– Non, on partage.

– D'accord, mais après on va danser.

– Ça va pas, plutôt mourir. »

Il me regarde et éclate de rire, comme un idiot.

Cet homme est comme moi, me dis-je, on a tout conquis de haute lutte.

As-tu déjà vu plus belle catastrophe ?

Nous sommes partis dans la ville en quête d'un peu de fraîcheur, parmi la foule des Grecs et des touristes qui s'agglutinaient aux cafés. Il ne marchait pas, il courait, il fallait que je le retienne pour le faire ralentir. Nous nous sommes arrêtés sous les fenêtres d'un hôtel où il avait séjourné enfant, puis devant une maison qu'ils avaient louée. La fureur qui montait en lui se traduisait en gestes compulsifs. Il entrait dans les bars et commandait à boire. Je le suivais, menaçant de le planter là et de rentrer à l'hôtel. Il changeait de ton et me suppliait de lui tenir compagnie encore un peu. Après son récit sur son père, je ne pouvais m'empêcher de penser qu'il avait hérité de sa maladie.

Puis j'ai eu la très mauvaise idée de passer à la galerie de Sophia à Anafiotika. Elle était fermée, alors nous sommes allés au bar. Philippos n'a pas eu besoin de présentations, il a tout de suite compris qui il avait devant lui. Il l'a serré dans ses bras et a pleuré de nouveau. Daniele secouait frénétiquement sa mèche sur son front, il voulait repartir sur-le-champ, mais Philippos l'a pris par le bras et nous a conduits à la table de Sophia. Elle était avec un homme d'à peu près notre âge. Le cérémonial des embrassades et des larmes a recommencé. À ce stade, Daniele n'en pouvait plus. Il a parlementé en grec avec Philippos, avec Sophia, mais rien à faire, ils nous ont obligés à nous asseoir avec eux, au nom de l'amour et de la fin tragique de ma mère et de son père.

Je me lave les dents, je regarde le porte-savon identique à celui de leur chambre et je réfléchis à la fin de la soirée, à lui, à la conversation à table, à la bagarre.

L'homme assis avec Sophia était un réalisateur de cinéma et elle tenait à nous le présenter.

« Caterina est monteuse », a-t-elle commencé.

Puis elle a interrogé Daniele sur son travail.

« Moi l'art, zéro, a-t-il répondu. Juste de la bouffe qui se transforme en merde. »

Si j'y repense, je déteste la façon dont j'ai essayé de jouer les intermédiaires entre sa colère et leur accueil navré. Pourquoi l'ai-je fait ? Ce que disait Sophia, le ton nostalgique qu'elle adoptait pour évoquer le passé m'importunaient. Moi aussi j'avais l'impression, comme je l'ai ensuite expliqué à Daniele, de me trouver encore face à des morts. J'ai essayé de me montrer aimable et conciliante.

« Daniele et sa mère sont propriétaires en Irlande d'une chaîne d'épiceries fines italiennes. »

Le réalisateur s'en moquait totalement, Sophia aussi. Ils n'avaient qu'une envie : nous décrire le documentaire qu'ils étaient en train de tourner sur Nikos, son internement, son talent, sa fin.

« Ignatios a été un élève de Nikos, nous a raconté Sophia, il a réuni ses films, il est allé à Gyaros avec son équipe, ils ont filmé les cellules, les lieux de torture, les latrines, la pièce des interrogatoires... »

Daniele est intervenu, la bouche pâteuse d'alcool.

« Et la mer, vous l'avez filmée ? La mer de Gyaros est de toute beauté, bleue, profonde, préservée, la plus belle de toute la Grèce. L'île de la prison est en face de Syros, j'y suis allé petit avec mes parents, nous avions loué une maison. La propriétaire aussi avait été internée à Gyaros.

– Comment s'appelle-t-elle ? a aussitôt demandé Sophia avec fièvre. Je la connais peut-être.

– J'ai oublié... mais pas son histoire. La liberté venue, elle a acheté un terrain à Syros et construit la maison que nous avions louée. De la terrasse, on voyait au loin les briques rouges de la prison. Tous les matins avant de descendre nager tout son saoul, sa tasse de café à la main, elle savourait le spectacle de la prison où elle avait été détenue. »

Sophia avait les yeux noyés de larmes.

« Je comprends, nous y retournons chaque année avec un groupe d'amis. »

À ma droite, où était assis Daniele, je sentais monter la tension.

« Charmante partie de campagne... », m'a-t-il soufflé à l'oreille.

Sophia traduisait pour Ignatios quand Daniele, les interrompant, s'est levé et a crié quelque chose en grec. Le silence est tombé dans le bar. Philippos s'est approché de notre table et lui a demandé de baisser la voix. Mais Daniele était lancé, les veines du cou gonflées, tous muscles tendus, les poings serrés le long du corps.

« Voilà ce qu'ils attendent de nous ! Nous souvenir, ne pas oublier ! Moi, je veux tout oublier ! Pourquoi ne pas la raser cette prison ? En faire une colonie de vacances ou l'auberge de jeunesse idéale pour baiser et profiter de la mer ? »

Je me suis levée, j'ai essayé de l'arrêter, il m'a repoussée et m'a crié au visage :

« Je vais te le dire pourquoi, ils sont incapables d'être heureux un seul instant de leur vie, jamais ! Et pour finir, ils se suicident... mais c'était comme ça dès le début ! Quand je suis né, mon père était déjà mort et ma mère aimait un mort ! Un mort qui peignait, rongé de colère, et lui disait qu'elle ne valait rien, ni la vie, ni l'enfant né d'eux... »

Philippos lui a parlé de nouveau, tentant de le calmer, et l'a pris par le bras. Daniele s'est dégagé.

Adossé contre le mur du bar, il nous regardait comme autant d'ennemis décidés à le piéger. Des clients s'étaient levés, d'autres étaient sortis en hâte, croyant peut-être qu'il était armé. Je me suis approchée de lui à nouveau.

« Tu as trop bu, rentrons à l'hôtel, avant qu'on n'emmène au poste les deux vivants que nous sommes… »

Il a craché par terre.

« Vivants ! Vivants ! Qui a jamais été vivant ? Tu sais ce que ça veut dire, toi ? Moi, non. Survivre oui, j'ai même mis une fille au monde pour en être sûr… Tous les matins, ma mère fait des exercices zen pour ne pas penser aux années qu'elle a vécues avec lui et puis elle pleure parce qu'il est mort… Vivants ! Que ceux qui sont vivants dans cette salle lèvent la main ! »

Les gens le regardaient sans souffler mot, personne ne comprenait l'italien, à part Sophia qui s'est levée et lui a lancé un regard de défi.

« Nous sommes vivants, mais nous n'oublions pas ceux qui sont morts pour nous ! »

Daniele a éclaté de rire :

« Bien sûr, ils sont morts pour nous ! » Il m'a prise par la main. « Viens, je vais t'apprendre à danser comme Zorba… On s'en fout que tu boites, tu dois danser ! »

Il a esquissé des pas de danse en me tenant par la main, sa mèche rebondissant sur son front.

« Comment il disait, Zorba dans la scène où ils dansent sur la plage ? “As-tu déjà vu plus belle catastrophe ? As-tu déjà vu ça ?” »

Daniele riait et m’entraînait. J’ai essayé de me dégager, je me sentais gauche, comme ce jour à une fête où je regardais les autres danser assise sur une chaise et qu’un garçon m’avait obligée à le suivre au milieu du salon. J’avais l’impression que tout le monde me regardait, et j’avais détesté ma mère qui m’avait encouragée à y aller.

J’ai repoussé Daniele, lui ai crié de me lâcher et d’arrêter. Philippos s’est interposé pour me défendre. Daniele a sauté sur lui et s’est pris une gifle. Ils se sont empoignés, tombant sur les tables et renversant les chaises. Une scène de saloon.

Il a fallu que Philippos le jette dehors. J’ai dit au revoir précipitamment à Sophia et l’ai rejoint dans la rue. Aux yeux des touristes, j’étais la femme d’un Italien qui avait trop bu. Je l’ai emmené à l’hôtel et couché. Il n’a pas ouvert la bouche de tout le trajet. Au lit, il s’est tourné sur le côté et a bafouillé :

« Merci. »

Maintenant je suis dans mon lit et je me pose la même question qu’à Giacomo :

« Et ma colère, je la mets où ? »

Il y a des choses qu’on ne peut pas dire. À qui aurais-je pu avouer que je ressentais parfois un désir coupable pour mes premiers parents, pour la dureté et la solitude sans mots de ces années ? J’étais peut-être comme Sophia, comme la propriétaire de la maison sur l'île, figée à l'origine du traumatisme, sans possibilité d'échapper aux souvenirs, de savourer le cadeau de ma nouvelle vie.

Ou était-ce le contraire : en ces années lointaines, de maladie, de prison, enfermée dans la pièce incendiée, je rampais, mais je me sentais vivante, parce que je l'étais par hasard, une petite fille à qui personne ne demandait rien. Le temps sans but glissait sur ma peau.

Je baisse les paupières, j'ai devant moi les visages de mes parents, de mes frères disparus. Ils sont sans traits, à part les yeux, tous les mêmes : rivés sur l'écran de télé et tristes. Comme Alfio, comme Graziella quand elle était assise à côté de lui. Alors je tape par terre avec la main, avec mes pieds tordus, je veux faire du bruit, les distraire, comme ça ils se fâcheront, ils me lanceront une chaussure pour me faire taire, ils se rendront compte qu'ils respirent.

As-tu déjà vu plus belle catastrophe !

Le sommeil arrive avec les paroles de Daniele, celles de Zorba le Grec. Que signifient-elles ?

Il est à côté de mon lit, j'ignore comment il est entré. Je me suis endormie avec la lumière, je pousse un cri. Il a le visage terreux, les yeux rouges, un bleu sur la joue qui a reçu la gifle. Sa bouche tremble, il est en slip et pieds nus. Les jambes maigres et un peu de ventre. Je lui demande :

« Qu'est-ce que tu fais ?

– Je me sens mal. »

Je me lève.

« Comment es-tu entré ?

– J'ai découvert que les clés ouvrent toutes les portes… Ce n'était pas la peine de payer la Polonaise. Je peux m'asseoir ? »

Et sans attendre la réponse, il s'installe sur le bord du lit.

« Comment te sens-tu ? »

L'homme narquois et sûr de lui s'est évanoui. C'est un enfant terrorisé qui chuchote :

« Tu n'as pas peur ?

– Non, de quoi ? »

Il me dévisage, les yeux écarquillés.

« J'avais peur de mon père quand il était comme ça. Ma femme me dit de sortir, d'aller me promener, elle ne veut pas qu'Aileen me voie, elle a raison. Puis ça passe.

– Que sens-tu ?

– Un trou à l'intérieur, comme ceux des *taralli* toscans qu'on vend avec ma mère. Je suis le cercle vide, mon corps autour du trou est mince, il s'effrite… Je peux m'allonger ? »

J'acquiesce. Il occupe tout le lit, ses pieds nus grands et maigres. Les bras le long du corps. Il murmure en tremblant :

« Parle-moi de toi… tu me l'as promis.

– Tu veux un conte de fées ? »

Il sourit.

« Oui… »

Je m'approche de la fenêtre, le Parthénon éclairé ressemble à un décor.

« Depuis que je suis ici, les souvenirs de mes six premières années sont revenus, comme si la mort de ma mère les faisait remonter. Les détails de la pièce où je suis née, la table, les pieds de la chaise, la serpillère et le seau, le pommier me semblent aussi réels que si je ne les avais jamais perdus. Je ne peux pas reconstituer l'ensemble, seulement des bribes, des sensations : la langue rêche du chien qui était mon compagnon de jeu, ma fugue de l'enclos où l'on m'enfermait. Moi aussi je me suis échappée, comme tu l'as fait avec ta mère. J'ai découvert que, dehors, il y avait des arbres, des ruisseaux, des fourmis, je ne suis pas allée loin, mais tout me semblait immense… Comment ai-je pu m'enfuir sans marcher, en rampant ? Pourtant j'y suis arrivée. »

Sa voix m'interrompt :

« Nous avons marché des jours, c'était moi qui choisissais les endroits où nous arrêter. Ma mère était amorphe, elle se laissait entraîner, elle sortait l'argent de sa poche et me le donnait : "Va payer", disait-elle. Le soir, je lui apportais à manger, la couchais et m'asseyais près d'elle, je restais réveillé tant qu'elle ne dormait pas. Après ce bois, il y en a eu beaucoup d'autres, je ne voulais pas marcher sur la route ni faire de l'autostop ni aller à la police. Il fallait nous cacher quelques semaines. J'avais déjà essayé de m'enfuir tout seul, mais j'étais revenu parce que je pensais à elle… »

Nos voix se chevauchent comme les vagues d'une même mer.

« ... moi je suis revenue parce que j'avais faim...

– ... moi aussi je trouvais le monde à l'extérieur de la maison grandiose, infini. J'avais voyagé avec eux, mais maintenant que je marchais avec ma mère, chaque feuille, chaque brin d'herbe, les odeurs, les sons me remplissaient de joie... Dans les voyages, sur la banquette arrière de la voiture, j'épiais mes parents : comment les mains de mon père se déplaçaient sur le volant, les coups d'œil de ma mère. Quand ils étaient contents, je contemplais par la vitre la campagne, les maisons, les arbres. Au moins, dans ces moments, j'aurais dû me sentir bien moi aussi, mais je ne pouvais pas. C'était un état provisoire ; sur nos têtes planait le nuage noir, même quand on ne le voyait pas. Il n'y a pas pire que le coup de poing qui arrive à l'improviste, quand on se sent léger et heureux...

– ... je jouais dans la pièce où ils m'enfermaient quand ils sortaient, le temps, dont je n'avais pas conscience, s'écoulait dans les objets, il n'était pas à l'extérieur de moi, je ne le sentais pas passer, je ne m'ennuyais pas. Je m'allongeais et j'entrais dans les fissures du plafond, puis dans une tache noire sur le mur ; à l'intérieur, je traversais d'autres mondes, des dangers, des créatures, des trous... Je reniflais, par la fenêtre entrait l'odeur des chaumes incendiés... donc dehors il y avait un autre endroit, je l'imaginais. Près, loin, tout bougeait, je ne me sentais pas seule… »

Je me retourne, il s'est redressé et me regarde, ses yeux contiennent un souvenir qui m'arrive précis et douloureux. Je m'approche.

« Qu'y avait-il à Patmos ?

– Pourquoi tu me demandes ça ? »

Je souris. Il retourne s'allonger, soupire.

« C'est vrai… Tu as des visions, comme saint Jean… »

– Ton père a aussi amené ma mère à Patmos, c'est peut-être là-bas qu'ils ont pris leur décision… »

Il scrute le plafond, se souvient.

« … il y avait aussi des fissures dans la grotte. Mon père me murmurait que Dieu était sorti de la plus profonde, ouverte comme une blessure dans le rocher, et avait dicté son livre au saint. Dans un coin, on voyait l'emplacement où l'apôtre s'étendait pour dormir. Les gens s'y agenouillaient et baisaient le sol. Nous débarquions à Patmos à la fin de l'été, quand le temps tourne, que le vent est violent et qu'éclatent les premiers orages. On était en septembre, l'école allait reprendre, mais il ne voulait pas rentrer. Il prolongeait tout ce qui était sur le point de s'achever, comme si la possibilité de se sentir mieux ne se trouvait que dans le dernier instant. L'île se vidait, il ne restait que nous dans la maison, toujours la même, que nous louions à une femme édentée. La côte de Patmos fouettée par le vent, avec ses grandes vagues, ressemble à la côte irlandaise. Par les trous de la grotte, disaient les popes, arrivait la voix de Jésus. Un de ces trous, plaqué d'argent, indiquait le lieu où Jean découvrit les paroles qu'il devait écrire. Les femmes y introduisaient la main, comme dans la bouche de la vérité. Mon père allait à la grotte tous les matins avant de peindre, il disait que son atmosphère l'inspirait. À cette heure-là, elle était déserte. Ma mère dormait et il m'emmenait parce que je me réveillais tôt moi aussi. J'avais peur de cet endroit, des icônes, surtout de celle qui représentait Jean par terre et le Christ au-dessus de sa tête tenant sept étoiles, au milieu de sept lampadaires allumés. Pendant des années, la grotte m'a terrifié. Je m'asseyais à côté de lui sur le banc. Il gardait les yeux rivés sur l'autel en pierre, j'avais l'impression qu'il regardait quelque chose en lui, un point sombre, impossible à communiquer, pas seulement à moi qui étais un enfant, mais à quiconque. Alors je jouais, comme toi. Je ne pouvais rien toucher. "Ici il faut se taire, me disait-il. Apprends aussi à ne pas bouger, ça te fera du bien, après on ira à la mer..." »

Daniele rit, allongé sur le lit.

« Je n'ai jamais su rester immobile ! Par la fissure au-dessus de nos têtes, sortaient des armées de dragons que je devais vaincre, les mêmes dont Jean avait eu la vision. Mon père me racontait l'histoire des vingt-quatre trônes et des vingt-quatre vieillards, des êtres couverts d'yeux qui assistent à l'Apocalypse. Dieu se tient sur son grand trône devant une mer transparente, et près de lui se trouve le livre secret que personne ne peut ouvrir. Soudain le livre aux sept sceaux est grand ouvert et parle de créatures monstrueuses, de fléaux, de quatre chevaux de couleurs différentes qui apportent sur terre la corruption, les guerres, la mort, la fin du monde, des tourments pour l'humanité. Et des anges méchants comme des démons exterminent leurs ennemis par le feu, le soufre, la fumée, un dragon gigantesque veut tuer la femme qui accouche d'un garçon, je pensais que c'était ma mère. Mon père me disait : "Apocalypse en grec signifie jeter ce qui couvre, je t'ai appelé Daniele parce que c'était un prophète et que lui aussi s'y connaissait en choses cachées." Il espérait peut-être que je l'aiderais à percer son mystère et m'avait donné ce prénom pour cette raison. Il n'était pas croyant, il cherchait sa vérité, en deux mots : comment sortir de la maladie qui l'affligeait régulièrement. Assis sur le banc, je contemplais les icônes et essayais de ne pas penser à l'histoire qu'il m'avait racontée, mais c'était impossible. Dans mon imagination, ces créatures étaient responsables du malheur de mon père, de la crise qui surviendrait. Je ne me sentais pas de taille à les vaincre. J'avais envie de pleurer, mais je devais me retenir, sinon ils gagneraient pour toujours. Qu'est-ce qui attirait mon père dans cette grotte ? À Patmos, il était plus calme, il nous accompagnait à la mer, jouait dans les vagues, fumait avec moins d'acharnement. Puis, tel un rendez-vous divin, arrivait la crise qui sanctionnait la fin des vacances. C'est pour cela que je détestais l'île, la grotte, la fin de l'été. "Peut-être que si on n'y allait pas, pour une fois, pensais-je, il ne se passera rien..."

– Il ne se passera rien... »

Je répète ses paroles en pensant à ma mère, à sa fin. Daniele s'assied dans le lit, il va mieux, son regard est moins halluciné, ses traits se sont détendus.

« Je te dois de plates excuses..., dit-il. Je te réveille en pleine nuit au risque que tu fasses une crise cardiaque pour te bassiner avec mes trucs, mon père, sa folie... Je suis un égoïste, au fond, toi aussi tu as eu tes catastrophes... »

Je répète ses paroles :

« Mais as-tu déjà vu plus belle catastrophe ? »

Il sourit. Je lui demande :

« Tu sais ce qu'est la catastrophe dans la dramaturgie grecque ?

– Non.

– Ça vient de *katà*, qui veut dire bas, terme, et *stréphein*, qui signifie retourner, bouleversement. C'était la conclusion d'une aventure, la résolution de l'intrigue, qui contenait souvent une révélation. »

Nous nous taisons, nos pensées vont peut-être dans la même direction. Puis il me prend la main, je le repousse d'un geste brusque.

« Je sais, je ne dois pas te toucher… mais viens t'asseoir ici, c'est un lit deux places et tu es mal installée comme ça. Il ne me viendrait pas à l'esprit de rien tenter, primo, parce que, dans mes phases de déprime, faire l'amour, c'est tout bonnement inenvisageable ; secundo parce que je suis marié et père de famille ; tertio parce que mon père et ta mère le faisaient déjà et que j'aurais l'impression d'un inceste…

– Et quatrièmement, je ne serais pas d'accord. »

Il tapote les oreillers et les cale contre le mur.

« Assieds-toi, je vais chercher à boire dans ton frigo, le mien, je l'ai déjà vidé…

– Non ! Je m'assieds, mais tu ne bois pas. »

Il fait le salut militaire.

« Ok, chef ! »

Je prends place de l'autre côté du lit.

« Et ta mère ? dit-il. Parle-moi d'elle. »

Son côté ado dans cette façon de questionner, de passer tout de suite aux confidences, m'exaspère. Je le pousse pour le chasser du lit.

« Je n'en ai pas envie… Retourne dans ta chambre, je veux dormir. »

Je n'arrive pas à l'ébranler.

« Écoute, le destin nous a réunis…

– Profitons-en… tu l'as déjà dit. Mais moi je veux rentrer chez moi, j'attends qu'on nous rende les corps, c'est tout. Demain, il faut aller à la morgue et organiser le transport…

– D'accord, je m'en vais, je te remercie de m'avoir écouté et accueilli quand j'allais mal...

– À vrai dire, tu es entré tout seul pendant que je dormais... »

Il fait une grimace et s'approche comme pour m'embrasser.

« Bonne nuit, tu me plais... tu es belle et parfumée. »

Je lui donne une bourrade, il se lève, furieux.

« Ça va, je m'en vais... »

Près de la porte, il s'arrête, se retourne.

« Pourquoi es-tu toujours en colère ? Je suis sûr que tu étais déjà comme ça avant... »

Soudain j'ai peur de rester seule. Pourquoi suis-je toujours en colère ?

« Va-t'en donc si tu as sommeil...

– C'est toi qui me chasses... »

Je ne réponds pas. Il revient sur ses pas, se plante devant le lit.

« Je suis loin d'avoir sommeil, je me suis réveillé comme si j'étais mort. Ça se passe comme ça, le nuage noir crève sur ma tête et m'écrase. Les photos, leur chambre, cette ville ont tout fait resurgir, exactement comme pour toi. »

Je l'invite à reprendre sa place dans le lit. J'ai la gorge sèche et envie de pleurer. Il ne dit rien, s'installe de son côté. Dans le silence, je pleure enfin et il me tend un coin de drap. Je me mouche. Je m'allonge sur le côté pour ne pas le voir.

« Je me sens coupable à l'égard de ma mère... Elle a tant fait pour moi et je n'arrivais pas à l'aimer...

– Peut-être, mais elle vient de te jouer un sacré tour...

– Tais-toi...

– Tu as raison, je parle toujours trop.

– Exact... Tu sais comment je suis en réalité ?

– En pétard. »

Je me retourne brusquement, le dévisage.

« Tu m'as posé une question ! s'écrie-t-il. Je te réponds !

– Tais-toi ! »

Il lève les mains. C'est un imbécile, pourquoi l'ai-je retenu ? Je me retourne de nouveau.

« Mon père ne s'est pas battu comme elle pour m'avoir et me faire soigner, pourtant je l'ai toujours aimé naturellement. C'est un homme triste, renfermé, Graziella a rempli sa vie, puis l'a vidée. »

Je sens qu'il s'allonge sur le lit, se glisse sous le drap.

« Tu es vraiment incapable de rester tranquille, ton père ne t'a rien appris !

– Oh si, un tas de choses... Mais tais-toi, crétin ! »

Si c'est lui qui le dit.

« J'ai toujours l'impression d'avoir perdu quelque chose de ma première vie... un objet, le bout de photo qui manque, certains sons, les odeurs... la perte est si concrète. Je n'ai jamais réussi à en parler avec quelqu'un. C'est comme si mes nouveaux parents, ma mère en particulier, s'étaient dressés devant moi pour m'empêcher de voir ce qu'il y avait avant eux. Quand j'étais petite, ma mère s'est attachée à me faire sentir la beauté de la vie. Toutes ces possibilités, ces découvertes, ces aventures… Elle se réveillait le matin comme si on l'avait mise au monde pour réjouir son prochain. Mais ce n'était pas le cas. Je l'ai vue près de mon père, le soir, avec le même regard fixe que tu décris, tourné vers l'intérieur. Certains matins, elle ne se levait pas, il l'excusait et me préparait le petit-déjeuner. "Maman a la migraine, mais elle viendra te chercher à l'école, ne t'inquiète pas." Qu'est-ce qui aurait pu m'inquiéter ? L'idée que mon changement de vie n'avait pas été une si grande chance ? Ou le fait que, au bout du compte, dans toute situation, on peut sentir qu'on n'est rien ? Et alors ? Le problème, c'est peut-être justement qu'on refuse de le voir, qu'on apprend aux enfants qu'ils doivent s'appliquer dans la vie à recouvrir le trou qui est en nous tous. Et maintenant son geste me donne raison, et me remplit de colère. J'aurais dû briser le silence, lui dire : "Tais-toi ! Écoute-toi parler… Tu transformes tout en mots, gestes, sourires, rires ! Laisse de la place pour ton désespoir. Qui est donc ce peintre, ce génie ! Pourquoi t'emballes-tu quand tu parles de lui, pourquoi as-tu besoin de te faire remplir par lui !" Je ne l'ai pas fait parce que je pensais qu'elle ne me comprendrait pas. Mais aussi parce que je cultivais un autre secret : l'idée qu'avant, avant eux, avant elle, il y avait quelque chose que j'avais perdu et que, si je l'avais retrouvé, peut-être avec Giacomo et les enfants, j'aurais récupéré ce morceau de moi qui me manquait toujours. Mais ce n'est pas ainsi, le bonheur, soit on le sent ici et maintenant, soit il n'a jamais existé. »

Daniele est immobile, sa respiration régulière, il s'est peut-être endormi. Je me tourne doucement et je croise son regard, il a des yeux excités de gamin.

« Petit, je cherchais toujours une petite pierre blanche…

– Des astragales, aussi… Tu en cherchais des choses. »

Il me dévisage d'un air sérieux.

« Oui, je passais mes journées à chercher des trucs… Les astragales pour jouer, la pierre blanche pour mon père. Ce qui m'a marqué plus que tout, c'est quand Dieu dans la grotte dit à Jean : "Je donnerai une pierre blanche sur laquelle est écrit un nom nouveau, mais personne ne peut le connaître, si ce n'est celui qui la reçoit." Je passais beaucoup de temps à regarder les cailloux blancs sur la plage, parfois ils portaient des signes, mais cela ne composait jamais un nom… D'ailleurs, j'étais fils unique, si je ne cherchais pas la pierre blanche tout seul, de qui aurais-je pu la recevoir ? »

C'est vrai, on est des enfants uniques tous les deux.

Il se lève, éteint la lumière et se recouche.

« Dormons, parce que demain il faut aller prendre les corps de nos parents. »

Et il s'endort dans la seconde qui suit.

Une nuit, elle est venue et s'est mise à pleurer

Nous nous sommes réveillés dans le même lit, après une lutte nocturne où j'ai tenté par tous les moyens de le réduire au silence. J'ai lu que les hommes ronflent parce qu'ils dorment sur le dos et avalent leur langue. J'ai l'expérience de Giacomo, mais Daniele n'a pas bougé d'un millimètre : j'ai fait des sons avec ma bouche, l'ai poussé avec mes pieds, mes mains, lui ai flanqué un oreiller sur le visage pour l'obliger à se tourner sur le côté. Il avait occupé le milieu du matelas, bras écartés comme un christ en croix, bouche grande ouverte, grognements ininterrompus, on aurait dit un gros animal échoué sur mon lit. Au coup d'oreiller, il s'est assis en poussant un cri.

« Au secours ! »

J'ai renoncé, il valait mieux ne pas dormir que recommencer à discuter. Et si l'ombre noire de son père était redescendue sur sa tête ?

À l'aube, je suis allée prendre une douche. J'étais en nage, il faisait déjà chaud. Sous l'eau fraîche, je réfléchissais à notre conversation de la veille au soir, à nos angoisses en écho, aux histoires que nous avions échangées. Je me savonnais sous les aisselles, entre les cuisses, frottais mes pieds et les cicatrices qui couvraient mes astragales tenus par des vis. Je me suis assise dans le bac, laissant l'eau couler sur mon corps. J'allais bientôt revoir celui de ma mère. J'ai eu une vision : accroupie dans le bac de la douche, baptisée par l'eau ruisselante, je naissais d'elle pour la première fois.

Quand je suis sortie de la salle de bains, Daniele était encore allongé dans le lit, mais il avait les yeux ouverts, les cheveux droits sur la tête, la voix rauque.

« Tu es déjà réveillée ?

– Encore aurait-il fallu que je dorme. »

Je me frictionnais les cheveux sans le regarder.

« J'ai ronflé ?

– Tu es un croisement entre le moteur à explosion, la scie circulaire et le phoque. »

Il a ri sans vergogne, puis a sauté en bas du lit.

« Je vais m'habiller, on se retrouve au petit-déjeuner et puis on file à la morgue. »

Belle perspective.

Devant la porte de la chambre funéraire de l'hôpital central d'Athènes, nous nous sommes regardés. Les familles des morts fumaient, pleuraient, s'embrassaient. Nous étions froids et étrangers. Dans le taxi qui nous avait amenés ici, nous étions restés silencieux. Daniele est ainsi, il passe du mutisme à l'excitation, moi je me sentais vide et fatiguée.

« Tu crois qu'on est obligés d'entrer ? m'a-t-il demandé comme un gamin à sa mère.

– Il faut qu'on les reconnaisse, ce n'est pas moi qui décide, tu crois que ça m'amuse ? »

Il a regardé à la ronde.

« Tout ce désespoir… Tu n'y sens pas un peu d'auto-apitoiement ? Les reconnaître… Ils doivent être tuméfiés, enflés, méconnaissables. »

Les étreintes, les larmes, les chuchotements, les cigarettes écrasées dans le cendrier, oui, autour des morts plane une atmosphère de soumission. Pourquoi murmure-t-on et fait-on taire les enfants ? Mieux vaut la tragédie antique, les pleureuses qui dénouaient leurs cheveux, se les arrachaient, chantaient, jouaient de la musique, se frappaient le visage. Aujourd'hui, la représentation est mélancolique, atone. Seul le prêtre a le droit de prier à voix haute. Et si Daniele et moi nous mettions à danser, couvrant de nos haleines chaudes, de nos relents de sueur, l'odeur de désinfectant du sol en lino ? Danser le sirtaki, comme Zorba.

Il pousse la porte vitrée, je le suis. On s'arrête au guichet, il s'informe : où devons-nous aller ? Il écoute la réponse accompagnée de signes indiquant la droite. L'homme mastiquait, il s'est essuyé le menton et les lèvres, il a caché son sandwich derrière le comptoir.

Nous marchons côte à côte.

« Pourquoi as-tu parlé de Zorba hier ? Nous n'étions pas nés quand il est sorti. Je l'ai vu en France. »

Il se tourne vers moi et me sourit.

« Mon père était obsédé par ce film. Anthony Quinn était un de ses dieux. "Un homme qui danse avec un autre homme, sur une plage, sans honte : le sommet de la virilité, de la joie", me disait-il. En effet, c'est une belle scène... »

Nous franchissons une autre porte. Une jeune femme réclame nos papiers d'identité, nous remplissons un formulaire avec le nom de nos parents, leurs dates et lieux de naissance. Le stylo n'écrit pas, je souffle sur la pointe. Ici il fait froid, la sueur sèche sur la peau, je cherche dans mon sac de quoi me couvrir, mais encore aurait-il fallu que je m'équipe. Je lui tends le stylo.

« J'ai oublié la date de naissance de mon père..., me souffle-t-il à l'oreille, comme si nous étions sur les bancs de l'école.

– Comment veux-tu que je la connaisse ? »

Il s'est taché les doigts d'encre. Soudain c'est comme si nous devions passer l'examen le plus important de notre vie : nos parents nous ont laissés au portail, il est agité et brouillon comme tous les garçons à l'école, il voudrait partir, mais en fin de compte il s'en tirera peut-être mieux que moi.

Je rends ma copie à la jeune femme qui travaille dans un froid glacial, tandis qu'il parle dans son portable avec sa mère, se fait dicter la date de naissance de son père et la transcrit, s'énervant en anglais à ses questions.

Il raccroche, pousse un soupir, rend sa feuille.

« Bon, allons les voir une dernière fois. »

Nous parcourons un couloir aux murs sales, il me semble impossible qu'un de ces volets devant nous dissimule le corps de ma mère.

Un homme extrait les civières du mur dans un bruit métallique et nous fait signe d'approcher. Le centre du corps est recouvert d'un drap, peut-être pour cacher les incisions de l'autopsie. Leurs visages sont translucides, et un second se détache du premier, comme une mue de serpent. Le nez de ma mère, sa bouche, son grain de beauté sur la lèvre sont autant de détails qui renvoient à mes souvenirs, mais n'ont aucune réalité. Derrière le masque de leurs traits tirés comme des vêtements trop étroits, on perçoit une autre forme, qui vient de l'intérieur et les rend identiques, êtres d'une espèce différente de la nôtre, voyageurs du même train, amants d'un royaume qui nous est inaccessible.

Je regarde Daniele, son visage ne trahit aucune émotion, à mon avis le mien non plus, ses yeux passent d'un corps à l'autre. L'homme nous demande si nous avons fini. Daniele lui fait signe d'attendre. Je lui murmure :

« Qu'y a-t-il ?

– Regarde… »

Il me montre une plaie sur la cheville de son père, des éraflures sur les pieds de ma mère, il approche son œil de ces blessures. Les cheveux de Graziella sont retenus derrière la nuque, elle ne les attachait jamais : « Les queues-de-cheval, c'est pour les gamines ou les mamies. »

Ceux du peintre aussi, longs et clairsemés, disparaissent derrière son cou massif. Il a dû y avoir « un coup de peigne » après l'autopsie. Je les vois, elle et lui dans la mer grecque, mêlant leurs cheveux, leurs salives, leurs corps, puis allongés sur la plage ou les rochers.

« Allons-y », lui dis-je.

L'homme les pousse dans leurs niches, enclenche la poignée.

À la sortie de la morgue, nous avons parlé de leurs blessures.

« L'autopsie en a peut-être révélé d'autres, il faudrait demander les résultats. »

J'étais assez sceptique.

« Ils ont dû se blesser en tombant du lit, ma mère était sous la fenêtre et ton père aussi était par terre. »

Il a secoué la tête.

« Ce sont des écorchures, pas des bleus. »

Nous nous sommes réparti les tâches, il a voulu aller à la police, moi je me suis installée devant l'ordinateur pour réunir les papiers nécessaires au rapatriement des corps. L'hôpital nous a remis les certificats de décès, mais nous avons besoin de l'acte mentionnant les causes de la mort délivré par l'autorité judiciaire et du passeport mortuaire pour transporter Sebastiano en Toscane et Graziella à Rome dans le caveau de mon père. Je télécharge des formulaires à remplir et demande à l'hôtelier si je peux utiliser son imprimante. Tandis que la machine sort les pages, sa femme me demande où en est l'enquête, quand ce sera fini.

« Des clients doivent arriver et nous voudrions préparer les chambres. »

Elle a hâte de se débarrasser de nous et peur que l'histoire ne circule sur Internet.

« Nous aussi nous aimerions les rapatrier au plus vite. »

Les feuilles attendent sur l'imprimante, à renseigner elles aussi avec les noms et prénoms de nos parents, leurs dates de naissance, nos liens de parenté et le lieu où se trouvent les corps.

J'ai dix ans, je dois remplir pour la première fois un questionnaire à l'école. Je m'arrête à la case « père et mère ». Mon regard reste fixé sur ces deux mots, je n'arrive pas à écrire leurs noms tout de suite comme mes camarades. *Fille d'Alfio et Graziella.* J'ai l'impression d'un mensonge, d'une trahison, alors, dans l'espace libre, je dessine un petit personnage en pantalon et un autre en jupe : une vérité incontestable. La maîtresse montre la feuille à ma mère et, le soir à la maison, on décide de me parler ouvertement de mon adoption. J'avais eu droit aux contes de fées de Graziella sur le destin magique qui m'avait amenée à elle, mais le moment est venu de raconter l'histoire de façon plus véridique. Ils sont convenus que mon père doit commencer, mais c'est elle qui lui a donné le signal du regard.

« Caterina, aujourd'hui, la maîtresse nous a dit que tu n'as pas écrit nos noms dans les cases du questionnaire. Comme tu sais que tu as été adoptée, tu crois peut-être que tu n'es pas totalement notre fille puisque, avant nous, tu as eu des parents qui t'ont mise au monde, c'est ça ? »

Clair et synthétique, sa principale qualité. Il a résumé en deux phrases l'histoire autour de laquelle mon imagination vagabonde la nuit et qui se présente à moi confuse, magique, terrible, incomplète, pleine d'odeurs, de fragments, de voix inconnues et pourtant intimes, de désastres soudains et de longs moments immobiles de rêve et d'élucubrations. Que dois-je répondre ?

Ma mère essaie de venir à mon aide, mais il l'en empêche.

« Laisse-la nous dire ce qu'elle pense. »

Caterina doit répondre, mais elle n'est pas seule à l'intérieur de moi, l'autre est muette, elle ne connaît pas les mots.

« Je voulais mettre vos noms, mais... si j'écris que je suis votre fille à vous seuls... Et si les autres reviennent ? »

Ils se regardent, ma mère se lève, s'assied à côté de moi, me prend la main.

« Ils sont morts, Caterina, dans l'incendie de votre maison, tu le sais, n'est-ce pas ? Nous te l'avons raconté. Comment pourraient-ils revenir ? Tu sais ce que c'est mourir ?

– Le cœur ne bat plus et on est mis dans une tombe. »

Elle acquiesce de la tête, me prend dans ses bras. Elle ne sait pas que, la nuit, ils sortent de terre, viennent me battre, m'emmènent avec eux. Ils sont morts, mais vivants aussi, invisibles pour ceux qui ne les ont pas connus.

Je récupère les feuilles sur l'imprimante, les range dans une chemise. L'épouse allemande de l'hôtelier apparaît sur le seuil.

« Une femme vous demande. »

Sophia porte une tunique blanche et un collier de corail, elle me sourit, un paquet à la main. Elle me serre dans ses bras.

« Je voulais te parler, où pouvons-nous nous asseoir ? »

Je l'emmène dans la cour où se trouve le bar.

« S'il fait trop chaud, on peut se mettre à l'intérieur. »

Je suis encore pénétrée du froid glacial de la morgue. Elle commande un café et moi de l'eau.

« Je suis désolée pour l'autre soir..., dis-je. Daniele avait bu...

– Il est impétueux comme son père.

– Impétueux, et déprimé après, son humeur monte et descend en montagnes russes. »

Elle me dévisage.

« Oui, Sebastiano était pareil, mais le fils est plus joyeux et a exprimé quelques vérités. »

Je la regarde, étonnée.

« J'y ai pensé en rentrant chez moi et en allant me coucher... Je comprends ce que Daniele racontait de la femme qui s'est fait construire une maison à Syros, en face de sa prison, et aussi ce qu'il disait sur les morts qui sont le matériau de l'Histoire. »

Le serveur nous apporte le café et l'eau, elle ajoute :

« Parfois on se demande quelle est la pire des prisons, l'intérieure ou l'extérieure... »

Elle boit son café et moi mon verre d'eau déjà tiède. Dans sa tunique blanche, Sophia a une allure de matrone, son rouge à lèvres est assorti au corail qui entoure son cou replet.

En culotte, ventre et cuisses rebondis, elle enfile sa chemise de nuit et se glisse au lit. Tout se mélange quand on est une femme seule, on rêve de la chair d'une autre personne. C'était une passionnée, dans son corps et ses idées, maintenant il y a cette version finale d'elle-même, libre de se souvenir sans trop de regrets.

L'âge que ma mère ne connaîtra pas. De nouveau, la colère monte en moi contre le peintre, il aurait pu se suicider tout seul. Elle serait revenue auprès de moi, de ses petits-enfants. Sans amour, comme Sophia, mais vivante.

« Manque de chance que ma mère et Sebastiano se soient rencontrés, mais peut-être l'attirait-il précisément parce qu'il était malheureux… »

Sophia acquiesce.

« Maria, ou Graziella comme tu l'appelles…

– Son vrai nom est Graziella, Maria est une invention de son amant. »

Elle sourit.

« Deux ou trois fois, ta mère est venue dormir chez moi, elle frappait à ma porte en pleine nuit…

– Tu ne me l'avais pas dit. »

Sophia hausse les épaules.

« Je vis seule, toujours dans l'appartement où on s'était installés Nikos et moi à la fin des années soixante-dix. Un deux-pièces que je ne quitterais pour rien au monde et où je n'ai jamais amené d'hommes. Je préparais son lit sur le canapé, mais, après, nous bavardions dans le mien jusqu'au petit matin… »

Pendant qu'elle parle, je vois son récit.

Ma mère se hâte vers l'appartement de Sophia, elle porte la robe bleu clair en coton léger que j'ai vue dans sa valise, si semblable à son corps que je ne pourrai jamais la mettre. Elle a aux pieds ses sandales blanches, chaque fois qu'elle s'habille avec élégance pour sortir avec lui, ils se disputent. Sebastiano n'est pas possessif, mais sa gaieté, ses mots d'amour, son envie de sortir, de bouger – comme la vie est belle ! – le prennent à la gorge, lui donnent envie de briser son élan, comme cela m'arrivait aussi.

« Plus je suis contente et plus il est distant. Si je l'incite à parler, il se fâche, dit ma mère à Sophia. Je sais que, dans ce cas, il faut que je parte. Je le laisse un peu seul, et ça lui passe…

– En attendant, votre soirée s'est mal terminée, lui répond-elle.

– Oui, mais qu'importe, nous sortirons encore ! L'autre soir, nous sommes allés nous promener au Pirée, il riait, il m'a dit : "Ce voyage a été providentiel, j'ai envie de m'activer, de travailler, avec toi à mes côtés je me sens invincible !" »

Maria est allongée sur le lit de Sophia, ses belles jambes repliées de côté, ses cheveux dénoués – pas comme à la morgue –, son grain de beauté sur sa bouche charnue. Elle regarde ses pieds dans ses sandales blanches, imagine ses bras bronzés autour de la poitrine de Sebastiano, son visage dans le creux de son cou, l'odeur de sa peau qui adoucit celle du tabac sur sa barbe pas rasée.

« Fais-moi tirer sur ta cigarette, je suis bien ici avec toi, je me sens si tranquille… »

Sophia lui tend sa cigarette et pense que Maria est attirée par le malheur de cet homme, par le pouvoir qu'elle a de lui apporter un mieux-être.

« Une nuit, c'était avant leur départ, elle est venue chez moi et s'est mise à pleurer. Ce n'était pas la première fois, il lui arrivait d'avoir les larmes aux yeux parce qu'elle pensait à toi, Caterina, à l'intensité avec laquelle elle t'avait voulue, au tour de force que tu avais accompli en devenant la femme que tu es... Et puis elle souriait en se rappelant Sebastiano, leur façon de faire l'amour, elle cherchait jusqu'où elle pouvait lui être encore utile, évoquait la beauté de ses tableaux... Elle dormirait un peu, puis retournerait auprès de lui. Elle sombrait dans le sommeil à l'improviste, là, sur mon lit, du côté qui était toujours propre et repassé. Mais cette nuit-là, elle avait pleuré tout de suite... »

Ma mère sonne à la porte, elle reste près de la fenêtre, scrute la rue. Sophia pose le plateau avec les tasses sur la table de chevet encombrée de photos.

« Je t'ai fait un café. »

Maria se retourne, elle a les yeux rouges, elle regarde les portraits de son amie jeune : son sourire, son corps, son visage saisis par l'appareil photo de son homme.

Elle dit :

« Toutes ces photos, tous ces tableaux... Quel cauchemar. »

Sophia a fini de raconter, nous restons un moment en silence dans la cour.

« Quand quelqu'un se suicide, on pense toujours que sa vie entière a été dramatique comme sa fin... Mais c'est faux. Maman... »

C'est la première fois que je l'appelle ainsi.

« … et Sebastiano ont profité de la vie ici et en Italie, ils ont été bien ensemble, ils ont ri, fait l'amour et les courses, bavardé de tout et de rien. Ils ont regardé la télévision, sont allés au cinéma ; dans sa maison en Toscane, il s'occupait des grillades, se montrait affectueux avec mes enfants tandis qu'elle tenait les chambres toujours prêtes en imaginant ses petits-enfants et moi dans ces lits. Elle rêvait de réunir des vies différentes, comme si on pouvait effacer l'histoire complexe de chacun. Leur vie a été cela aussi, comme toutes les vies. »

Sophia prend le paquet qu'elle a posé sur la table, l'ouvre, me tend un dessin.

« Il n'est pas de Sebastiano… mais d'un peintre de rue. Un après-midi, on se promenait au marché, Maria lui a demandé de faire son portrait pour changer un peu : "J'en ai ras le bol de tous ces morceaux de corps sans tête." »

C'est un portrait rudimentaire, mais plein de vérité : cheveux aux épaules, sourire trop large, yeux brillants, comme lorsqu'elle mimait les personnages des histoires qu'elle me lisait et que je croyais qu'elle inventait tout. Son cou fort, un peu masculin, auquel je me pendais en faisant semblant d'être fatiguée de marcher. Sur la feuille blanche, le contour de la tête est flou.

« Sebastiano ne l'a jamais vu. Si tu le veux, il est à toi. »

Oui, je l'emporte et je le ferai encadrer, voilà la grand-mère dont mes enfants se souviendront.

C'est l'homme de sa vie

Je marche dans les rues d'Athènes à sa recherche, il a disparu, je suis inquiète. Au commissariat, on m'a dit qu'il est venu, a récupéré les résultats de l'autopsie, a signé puis est reparti. Je signe moi aussi et on me remet un exemplaire du certificat qui décrit en grec et en anglais comment et pourquoi ils sont morts. Je le lis en traduisant à Giacomo dans la rue, malgré les intermittences du réseau.

« ... de profondes excoriations sur les mains de la femme et les jambes et les bras de l'homme. L'analyse des tissus révèle que les blessures ne sont pas récentes et qu'elles étaient en cours de cicatrisation. Les intestins ont été vidés... mon Dieu... pour analyser les aliments non digérés et les selles... »

Giacomo m'interrompt :

« Saute cette partie, va directement à la fin, tu devrais trouver quelques lignes qui donnent les causes de la mort. »

Je parcours les feuilles, les mains moites et le souffle court.

« Voilà : le décès est dû à l'ingestion de grandes quantités du même type de benzodiazépine. La mort est survenue aux environs de trois heures du matin pour l'homme, quelques heures plus tard pour la femme. »

Tout était là, en quelques lignes comme l'avait dit Giacomo, clair et net comme un acte de naissance.

« Caterina…

– Oui ?

– C'est ce que nous pensions…

– Et les excoriations ?

– Ils ont dû tomber, les blessures étaient en train de guérir ou ils ont peut-être eu un accident. Dans tous les cas, elles ne sont pas liées à leur mort.

– Au sens où ils n'en sont pas morts… Mais l'accident a peut-être quelque chose à y voir…

– Caterina…

– J'ai compris, halte à l'imagination… »

Je plie les papiers et les range dans mon sac, je me remets à marcher, la sueur coule entre mes seins, dans mon cou.

« Tu es essoufflée, où es-tu ? Arrête-toi…

– Je suis dans la rue, devant le commissariat de police, il fait quarante degrés.

– Règle les dernières formalités, achète ton billet et rentre tout de suite. J'ai besoin de te prendre dans mes bras, et les enfants aussi. J'ai fini par leur dire.

– Et que leur as-tu dit ?

– Que leur grand-mère est morte et que tu es allée la chercher pour la ramener en Italie. Au début, ils m'écoutaient en silence, puis Lorenzo m'a interrompu : grand-mère est morte au ciel ? Puis ils sont repartis jouer, je pensais qu'ils avaient tout oublié. Mais non, ce matin, à la plage, je lisais le journal et je les ai entendus parler entre eux, tête baissée, ils cherchaient un caillou blanc pour leur grand-mère… »

Je m'arrête sur le trottoir brûlant : des enfants séparés par le temps et l'espace, tous à la recherche d'une petite pierre blanche.

« Incroyable…

– Quoi ?

– Dans le texte de l'*Apocalypse*…

– L'*Apocalypse* ? »

Je repars, la chaleur me fait tourner la tête.

« Sebastiano allait toujours à Patmos avec sa femme et son fils, il était obnubilé par la grotte de l'*Apocalypse*, il racontait la prophétie à Daniele…

– Mais comment se fait-il que nous n'ayons jamais remarqué sa folie, et ta mère non plus…

– C'est vrai… Je te laisse, je te rappellerai. Il faut que je retrouve Daniele, je l'ai perdu. Il est instable comme son père, mais plus joyeux. On doit faire les démarches ensemble, on s'est entraidés…

– Il te plaît, le fils de Sebastiano ? »

Je m'arrête à nouveau.

« Tu es fou ? C'est un déséquilibré, il a eu une enfance terrible, il a essayé d'effacer son père de sa vie et voilà ce qui lui tombe dessus…

– Ça ne me rassure pas. »

Il se tait, je l'entends respirer, maintenant c'est lui qui a le souffle court.

« Et je n'ai qu'une envie : revenir près de toi.

– Tu es sûre ?

– Oui… »

Le numéro de téléphone qu'il m'avait donné ne répond pas. Il n'est pas rentré à l'hôtel, je retourne dans les rues que nous avons parcourues ensemble, en bas de l'appartement qu'ils louaient en été, devant le bar de Philippos. À la cuisine, sa femme débite en rondelles des tomates et des oignons et me regarde de travers. Je pousse jusqu'au cimetière de la Céramique, je refais le même chemin ; par intervalles, j'essaie de le joindre au téléphone. Sous le grenadier, il y a encore le fruit éclaté qu'il avait jeté contre le tronc pour manger les grains. Il est sec, une colonne de fourmis traverse les cavités vides.

Je retourne à l'hôtel. Je me regarde dans la glace de ma chambre, j'ai les cheveux poisseux et le crâne en ébullition. Je prends une douche froide. Allongée nue sur le lit, je comprends qu'il me manque, que j'ai partagé avec lui l'éloignement de ma mère et sa mort, que, tout comme moi, il ne parvient pas à lâcher les souvenirs angoissants de sa petite enfance, qui, à la fois, l'attirent et le repoussent. Je ressens aussi le manque de ses sautes d'humeur, de son excitation, de sa tristesse soudaine. J'essaie de l'appeler une fois de plus, c'est toujours la même voix grecque qui me répond. Je m'endors et, pour la première fois, je rêve de la pièce de la misère. J'ai essayé de m'en souvenir toute ma vie, mais je n'en retrouvais que des fragments vus d'en bas comme à l'époque où je rampais. Maintenant je suis debout et je l'inspecte : la table, le lit avec la poupée au milieu, la vieille cuisinière, la cafetière, le seau, les torchons, les matelas de mes frères roulés dans un coin, tout est petit et sale. Dehors le chien aboie, je me retourne et dans mes jambes il y a un enfant qui marche à quatre pattes et geint. Il se frotte, il voudrait qu'on le prenne dans les bras, je lui donne un coup de pied, il ne se décourage pas et revient à la charge, me lèche les pieds, s'accroche à mes chevilles, me tire.

J'ouvre les yeux, dans la pénombre de la chambre il est assis sur le lit, il me chatouille le cou avec une feuille de papier. Dehors, le soir est tombé.

« Tu dors tout le temps ! »

Je me dresse dans le lit, me couvre avec le drap.

« Mais c'est une manie que tu as d'entrer dans ma chambre et de me réveiller ! Où étais-tu ? »

Il agite la feuille.

« Acheter deux billets de bateau pour Patmos, on part demain.

– Quelqu'un veut aller à Patmos ? Pas moi. »

Il se lève et arpente la chambre.

« Mais si, on va y aller, il faut en finir avec cette histoire. Ces deux-là avaient des blessures partout, il faut qu'on sache ce qui s'est passé.

– Elles cicatrisaient, elles ne sont pas liées à leur mort... »

Il s'arrête et se frappe les flancs avec les bras.

« Je te croyais dotée d'un peu plus d'imagination... »

Je descends du lit, entortillée dans le drap.

« C'est le cas, Daniele, et au point que je sais exactement ce qui est arrivé à "ces deux-là", comme tu les appelles.

– Ah oui, tes visions... Pas très crédibles. »

J'ouvre la valise de ma mère, la première robe à portée de main est la bleu clair. Pourquoi pas ? Allons jusqu'au bout. Je laisse tomber le drap. Il me regarde : mes jambes inégales, mes fesses, mon dos. J'entends sa respiration identique à celle de Giacomo au téléphone.

« Tu es belle... »

Je passe la robe, elle est longue : Graziella était plus grande que moi.

« Ma mère la portait avec des sandales blanches. Elle la mettait quand elle sortait avec lui, c'était peut-être sa tenue un des derniers soirs à Patmos... »

J'allume, je m'assieds devant la fenêtre, il me fixe, les billets à la main.

« Je vais te raconter quelque chose, Daniele... »

Au ralenti, il s'appuie sur le lit sans me lâcher des yeux. Je pourrais l'avoir tout de suite, me laisser aller au désir que je lui inspire, je me sens humide entre les cuisses, c'est peut-être une réaction au deuil. Quand il y a un décès dans une famille, on fait l'amour et des enfants naissent.

« Si mon histoire ne te convainc pas, je te jure que j'irai sur l'île avec toi. »

Patmos est venteuse et la mer sujette aux tempêtes, tu le sais bien, je reprends tes propres termes. C'était ainsi quand vous y alliez, à la fin de l'été. Mais en août ce n'est qu'une île grecque comme tant d'autres. Le monastère est perché sur la montagne et la grotte de Jean à mi-chemin. Des files de touristes attendent pour entrer, ils achètent de petits tableaux du saint, des dessins : dragons, chevaux de couleurs différentes, anges, démons. Les créatures qui t'effrayaient dans ton enfance. Maria et Sebastiano sont arrivés et ils ont loué la maison à un bout du village, celle de la femme édentée, où tu jouais le matin, en silence pour ne pas réveiller tes parents. Sebastiano revient sur les lieux du crime, comme tu voudrais le faire toi aussi pour comprendre. Ton père a fait visiter l'île à Maria. Depuis toujours, il lui dit qu'ils doivent venir ici, il a été honnête avec elle. Il lui a parlé de sa maladie, des médicaments, de toi, de ta mère. Graziella n'a peur de rien, ni d'adopter une fillette handicapée ni d'aimer un homme qui se transforme régulièrement en zombie. Elle a de l'énergie pour deux, mais elle pressent que Patmos est un endroit dangereux, ils se sont disputés à ce sujet. Toi non plus tu ne voulais pas finir les vacances là-bas, tu t'en souviens ? Les premiers jours dans l'île ont été exaltants, ils passaient leur temps à nager, se promener et boire dans les bars qu'il connaît bien. Certains ont fermé, d'autres existent toujours et les vieux propriétaires l'ont reconnu et embrassé sous le regard joyeux de Graziella. Tout le monde ignore à quel point Sebastiano peut être différent, sauf toi, ta mère et la mienne. Mais elle a confiance et elle l'aime. Il n'a jamais fait de crise : si personne n'en a été témoin, elles n'existent pas.

Ses paupières tombent devant ses yeux, il se cale contre les oreillers du lit.

« Excuse-moi, la journée a été terrible : la morgue, la police, puis la queue au port pour les billets, le bateau était complet. Alexandros connaissait le gars au guichet, il m'a aidé à en trouver…

– Qui est Alexandros ?

– Alexandros, mon ami, tu es bête, celui qui nous a servis au restau du Pirée…

– Ah oui… Donc il t'a fait attribuer des places qui revenaient à d'autres. Corruption méditerranéenne… »

Il sourit, ramène sa mèche blanche en arrière, me regarde. Il est massif, des épaules larges, des jambes maigres. Il sait que je n'ai pas de culotte sous ma robe, il y pense. Sa verge bouge sous son pantalon, et moi je suis mouillée. Je lui dis :

« Maria et Sebastiano n'ont jamais autant fait l'amour qu'à Patmos.

– Comment le sais-tu ?

– Ça marche bien après une dispute, quand on va se quitter, quand on a survécu ou quand on est dans la phase euphorique. Le désir sexuel est fort, impérieux, il chasse les nuages noirs. »

Il me regarde d'un air sérieux.

« Entendu. Et les blessures, que me dis-tu des blessures ?

– Tu ne voulais pas dormir ?

– Non. »

Ils vont sur les rochers, les plages sont trop fréquentées, ils veulent être seuls. C'est aussi pour cette raison que Sebastiano l'a emmenée loin d'Athènes, elle allait de plus en plus souvent voir Sophia le soir, et rentrait sereine, lointaine. Parfois, elle ne revenait que le lendemain matin, alors qu'il avait passé une nuit infernale. Elle lui apportait le café, du pain frais. Ils prenaient leur petit-déjeuner et elle envisageait de rentrer en Italie, elle avait envie de me voir. Ton père n'était pas violent, tu l'as dit toi-même, son emprise sur elle était autre, mais il fallait qu'ils soient seuls pour qu'elle s'exerce. Le matin à Patmos, ils préparent le sac avec les maillots de bain, les serviettes, les sandwiches. Ils ont loué un scooter et vont toujours au même endroit, deux rochers plats côte à côte. Les premiers jours, ils ont visité la grotte et il lui a expliqué toute la symbolique des catastrophes. Maria trouve l'endroit tout simplement lugubre, pour elle l'Apocalypse est le délire d'un fou. Elle sort, déconcertée : « Trop de monde, ça sent la sueur, le pope est un exalté, un alcoolique, allons au bord de la mer. » Sebastiano rit, il a eu raison de revenir avec elle. Maria est pleine de vie, active, passionnée. Il nage, peint, rit, boit, parle, ils s'aiment. Elle le voit renaître. La mer au pied des rochers est calme, l'eau bleue, ils nagent nus. Ils font l'amour au soleil, dans leur coin personne ne les voit. Il se jette sur elle mouillé, la presse contre le rocher, elle a mal au dos mais elle jouit. Ils n'ont jamais été aussi heureux. C'est l'homme de sa vie, bientôt ils rentreront en Italie.

« Je meurs de froid... Il fait trente degrés à l'ombre et j'ai froid, je dois avoir la fièvre... »

Je m'approche de lui, pose la main sur son front.

« Tu es gelé, tu as peut-être faim, tu n'as rien mangé aujourd'hui.

– Viens près de moi, après je t'emmènerai dîner. »

Il se pousse, me fait une place dans mon lit.

« Tu es incapable d'écouter plus de cinq minutes de suite... Comment faisais-tu en classe ? »

Il rit.

« J'inventais des excuses pour sortir, je faisais un petit tour dans les couloirs... »

Je m'allonge sur le côté, je le regarde.

« Tu ne veux pas savoir pour les blessures ? Tu voulais aller là-bas… »

Il a un soupir d'impatience.

« Je veux y aller dans tous les cas, nous trouverons sûrement quelque chose… »

Je lui prends la main, deux fois plus large que la mienne, la paume rêche, mon doigt suit les veines du dos, il me laisse faire.

« Tu devais être beau quand tu étais petit, les yeux clairs, maigre… »

Il se redresse.

« Pourquoi ? Je suis moche maintenant ?

– Disons que tu as pris du ventre, tu portes tes cheveux longs parce que tu les perds, tu as les yeux tristes, hagards et tristes… »

Il retire sa main de la mienne, s'allonge, regarde le plafond, réfléchit.

« Je suis content d'être comme je suis, ça n'a pas été facile, tu sais.

– Tu as raison… »

Il se tourne vers moi, me reprend la main.

« Daniele, je n'ai envie de rien, ni d'aller à Patmos, ni de faire l'amour avec toi, même si tu me plais et qu'avant j'y avais pensé. Toi aussi, n'est-ce pas ? »

Il sourit.

« Je suis un homme, tu laisses tomber ton drap, je vois de belles fesses rondes, un dos, des jambes, disons un peu étranges, l'une dix centimètres plus courte que l'autre…

– N'exagère pas…

– Qui toutefois ont leur raison d'être… Tu enfiles ta robe et tu me regardes avec ces yeux magnifiques… »

Je les ferme, soudain j'ai l'impression de sentir peser sur moi la fatigue de toutes les transformations de ma vie. Je lui murmure :

« Je voudrais ne plus bouger, laisser passer le temps sans rien faire, immobile… ne pas savoir qu'ils sont morts, parce que, si tu y réfléchis, ils ne le sont pas plus qu'avant. D'abord vivants, puis morts, non, tout est déjà dans les débuts… »

Il me serre la main.

« Ne t'endors pas, finis ton histoire, pour que je comprenne si tu l'as inventée ou si elle est vraie. »

Ils sont allés se faire soigner au dispensaire de l'île. Il n'y avait personne, à part une religieuse, qui était en train de fermer. Elle leur a donné un désinfectant, des bandes, une pommade. « La mer a forci, ma femme n'arrivait plus à remonter, j'ai plongé pour la tirer de l'eau. On s'est écorchés. » Il pouvait raconter ce qui s'était passé, mais, craignant de se trahir, il a compliqué l'histoire sans raison. Soit dit en passant, la religieuse s'en moquait sûrement. Graziella n'avait de plaies qu'aux mains, lui à la fois aux jambes et aux bras. Aucun des deux n'était blessé au visage. Ça ne s'est pas passé comme il le raconte. À la maison, ils se sont soignés. « Désinfecte bien… », lui a-t-il dit, et elle l'a regardé. Elle ne comprenait pas comment il pouvait parler de cette façon, être la même personne que quelques heures plus tôt. Il lui a pansé les mains avec soin, elle a étalé la pommade sur ses blessures. Allongés dans le lit frais de leur chambre, ils se sont endormis, réveillés. Elle ferme les yeux et il la regarde, puis c'est elle qui est réveillée et l'observe. Depuis quelques jours, il nageait de plus en plus loin, il ne revenait plus. Assise sur les rochers, elle scrutait la côte, la pointe qui l'engloutissait. Puis il réapparaissait, à brassées lentes, fatiguées. Il la rejoignait, ruisselant, elle l'étreignait sans un mot. Il a maigri, son visage a perdu sa forme, il a les yeux enfoncés, des trous autour de la bouche, le regard vitreux. Il vaut mieux ne rien dire, ça passera, c'est déjà arrivé. À présent qu'il dort, elle le regarde et revoit toute la scène : sur le scooter elle se blottit contre lui, la route blanche qui descend vers le port est ouverte sur la mer. Son visage est dissimulé par le casque. Elle s'aperçoit qu'il a accéléré dès le premier tournant, elle voudrait lui crier de ne pas rouler aussi vite, mais non. Elle regarde ses poignets qui s'abaissent sur le guidon, pour mettre les gaz, la roue pointe droit vers la mer, vers l'à-pic. Elle a deviné son intention, en un éclair elle relie les détails, les obsessions, les sorties à la nage, les gestes, les colères, les excès d'alcool, les insomnies, elle ôte ses mains de sa taille pour serrer les siennes sur le guidon – Sebastiano ne s'y attendait pas –, braque sur la droite, freine brusquement, ils font un vol plané collés l'un à l'autre sur la chaussée. Elle se réceptionne sur les mains, le corps de Sebastiano a fait rempart.

« Ça s'est passé comme ça ? »

Daniele me dévisage, les yeux écarquillés, sa main encore dans la mienne.

« Je crois que oui. Tu as vu à la morgue, les visages propres, les croûtes sur les blessures... Ils se sont soignés l'un l'autre pendant des jours avant de décider de revenir et mourir ensemble. Ça ne te semble pas incroyable ?

– Si...

– Pas tant que ça, si tu y penses bien. Combien de temps ma mère m'a soignée ? Avec quelle patience m'a-t-elle guérie ? »

Nous nous regardons.

« Et après ? me demande-t-il comme un enfant qui veut connaître la fin de l'histoire.

– Après tu le sais mieux que moi ! »

Il se lève, traverse la pièce d'un pas nerveux, pose les billets sur le frigo, l'ouvre, débouche une mignonette d'*oúzo* et la descend cul sec.

« Que veux-tu savoir ? me demande-t-il.

– Quand ils sont rentrés à Athènes, comment il a convaincu ma mère... C'est toi qui dois me l'expliquer. »

Il sautille en parlant.

« Rien de monstrueux, Caterina. Ils ont repris leur vie, mais quelque chose avait changé. Après l'accident, ta mère a le sommeil léger, elle se réveille souvent la nuit. Elle entend qu'il se lève, elle essaie de deviner ses pensées. Elle peut encore moins le quitter qu'avant, parce que cette idée maintenant l'obsède : il suffit d'un coup d'accélérateur dans un virage. S'il est gai, elle pense que ça ne durera pas, s'il est sombre, qu'il va se reprendre, et ainsi de suite. »

En un bond, il est près du lit, pose ses mains sur mes épaules, me cloue sur le matelas, son visage tout près du mien, l'haleine lourde d'anis.

« Mon père était un homme normal, sauf que, de temps en temps, il perdait la connexion avec le monde. Tu ne peux pas imaginer le nombre de fois que c'est arrivé avec ma mère. La planète d'un côté, lui de l'autre, et rien pour les relier. Une solitude totale, comme s'il était resté seul sur terre. Mais ce n'était pas toujours le cas : une femme, un fils, un tableau pouvaient remplir sa solitude par périodes. En fin de compte, c'est peut-être le cas pour tout le monde. Après l'accident, ta mère est devenue comme lui. Ils parlent la même langue. Il l'a dépouillée de son excitation, de ses projets tous les matins dès le réveil : où aller aujourd'hui ? comment remplir la journée ? Elle est nue, comme dans ses portraits. Ils en rient. Ils ne se sont jamais autant aimés. Elle a rendu les armes, est entrée dans sa tête. Désormais, elle sent parfois son mal au creux de l'estomac. C'est un mal que je connais moi aussi : les objets, les arbres, les maisons, la mer, votre corps ont été détachés de vous, vous ne les voyez plus, ils ont disparu. Le temps, les minutes, les secondes glissent vers un entonnoir sombre qui finira par les aspirer. L'ombre de l'entonnoir arrive jusqu'à moi aujourd'hui, mais je sais de quoi il retourne et comment réagir. Je ne lutte pas, parce que je sais que, en réalité, il n'existe pas, que c'est une illusion… »

J'écarte ses mains de ma bouche.

« Une illusion ? »

Il se lève, repris du besoin de marcher.

« Quand ça s'annonce, je m'isole, parce que ça perturbe les gens, ils sentent qu'il s'agit d'un mal proche et contagieux. Moi, il ne m'effraie plus. Tu sais ce que je fais quand il s'annonce ? »

Il va et vient comme un enfant désœuvré, incapable de tenir en place, j'ai envie de rire. Il se retourne, me regarde.

« Et alors ? Pourquoi tu ris ?

– Je ne sais pas, tu me fais rire… »

Il saute sur le lit, se met à califourchon sur moi. Je crie :

« Arrête ! Qu'est-ce que tu fais ? »

Il me bâillonne d'une main. Je le gifle, le bourre de coups de poing. Il rit.

« Cogne sur moi, ça te permettra de vider ta colère ! À qui en veux-tu ? Allez, vas-y… »

Je le frappe à la tête, aux épaules, au visage. Il se cache dans le creux de mon cou, crie d'une voix qui s'étouffe.

« Vas-y ! Encore ! Encore. »

Il emprisonne ma taille entre ses genoux, je pédale pour me dégager, ma robe est remontée, nous sommes emmêlés, imbriqués, il m'immobilise. J'arrête de crier, il s'allonge sur moi, sans bouger, il ouvre ses doigts pour me laisser respirer. Il me murmure à l'oreille :

« Écoute, je vais me mettre dans un coin et me parler à moi-même, comme je faisais quand j'étais petit, la nuit dans ma chambre. “Regarde, j'allume, il y a tous tes jouets, tu les reconnais un à un : le bateau a un flanc enfoncé, mais nous l'avons réparé, voici le vélo, l'épée, l'arc, les livres... J'éteins, je rallume, mais rien n'a changé. C'est ta chambre, il n'y a pas de monstres, ne prends pas cet air effrayé, tu ne risques rien ! Tes affaires semblaient avoir disparu, mais c'était à cause de l'obscurité, il suffit de rallumer pour que tout soit de nouveau à sa place. Maintenant je vais dormir et demain tout sera passé. C'est le matin, tu te lèves, tu sautes sur ton vélo, tu files dans les ruelles blanches en soulevant la poussière et en actionnant la sonnette, place, je passe ! tu roules dans les flaques en trempant ton pantalon, tu pédales comme un fou, tu croises des moutons qui relèvent un instant leurs têtes stupides et te dévisagent...”

– Les moutons ? »

Il se laisse glisser à côté de moi, nos visages sont proches, tout rouges.

« Il y avait un troupeau près de chez nous en Toscane, je passais à côté avec mon vélo...

– Quand j'étais petite, je voyais les moutons depuis notre cour, dans la maison qui a brûlé.

– T'est-il arrivé de les regarder de près ? me demande-t-il.

– Non...

– Leur museau, l'intérieur de leurs oreilles et le contour de leurs yeux sont d'un rose porcin... Les paysans leur fixaient une plaque jaune à l'oreille, et moi je les détachais... Pas à tous, parce que je n'avais pas le temps, les propriétaires arrivaient en criant. Quand j'étais sur mon vélo, les moutons me repéraient de loin, ils arrêtaient de manger pour me regarder. J'escaladais la clôture et ils accouraient en se bousculant, ils frottaient leurs plaques contre mes jambes, ils voulaient qu'on les leur enlève... »

Il se tourne vers moi, nous échangeons un regard.

« Et les tiens de moutons ?

– Je te l'ai dit, ils étaient loin... C'est à peine si je les distinguais ; ils marquaient la limite de l'horizon. Ils marchaient à la queue leu leu, comme des pointillés blancs en bas d'une page. C'est comme ça que je les dessinais quand j'étais petite, j'ai essayé longtemps de dessiner la maison, le pommier, le chien, pour ne pas les perdre... »

Il reste silencieux, les yeux grands ouverts.

« Mais rien ne se perd...

– Ne dis pas de conneries...

– Je ne dis pas de conneries. »

Je le repousse.

« Tu pues l'*oúzo* ! »

Il s'approche, me prend contre lui.

« Arrête un peu… là, ça suffit… ne t'agite pas tout le temps…

– Tu peux parler… »

Son étreinte m'enveloppe tout entière. Je murmure :

« Et eux ? Ton père et ma mère ? »

Il soupire, réfléchit.

« Ils se sont endormis dans le noir, mais pas tout de suite et pas ensemble, parce qu'on ne meurt pas avec une autre personne, c'est là l'erreur. Ta mère lui avait dit : je ne t'abandonnerai pas, mais elle y a été obligée. Quand les comprimés ont commencé à faire effet, pendant quinze, trente minutes, ce fut chacun pour soi, mais ils ne se retrouvèrent pas seuls. Elle était avec toi, avec sa mère, son père, le tien et avec tout, maison, arbre, mer, animal. Le temps ne passait pas, n'était pas extérieur, il naissait en toute chose, comme nous le percevions enfants : pas besoin de bouger, tout était là, parce que nous étions là. Mon père aussi est revenu seul pour la dernière fois à la grotte, désormais, en lui, les monstres se déchaînaient, hurlaient, juraient ; dans sa poitrine, les vieillards, les prostituées, les femmes enceintes, les chevaux de couleurs défilaient au galop ; par sa bouche, les dragons crachaient du feu. La voilà, l'explication, a-t-il pensé, tout ce bazar est à l'intérieur de moi, cette merveilleuse catastrophe, c'est la mienne ! Combien de fois, enfant, j'aurais voulu lui dire, puisque c'était ainsi que je voyais ce cirque : les dragons, c'est nous ! Mais je ne savais pas comment m'expliquer et, de toute façon, il ne m'aurait pas compris. Il s'est retourné pour le dire à ta mère : il s'en sortait enfin ! Il éclatait de vie, sentait son sang bouillonner, non pas d'excitation, mais de désir pour lui-même ! Peur, cauchemar, malédiction, angoisse. Tout lui appartenait ! Mais il ne pouvait plus bouger, elle était tombée du lit, elle rampait vers la fenêtre, elle était déjà trop loin… »

Et nous, maintenant, sommes tout près. Je le prends dans mes bras, replie mes jambes et étreins sa poitrine. La chambre est sombre, on ne voit que le contour des meubles, celui de nos deux corps allongés sur le lit qu'éclairent les lumières lointaines de la ville par la fenêtre, les projecteurs pointés sur les vestiges, début et fin d'une histoire, et de la leur aussi.

Je ferme les yeux, lui chuchote à l'oreille :

« Dormons un peu, nous sommes fatigués, puis je t'emmènerai dîner… »

Il approche sa bouche de la mienne.

« Et si mon copain dans mon pantalon se manifeste ?

– Dis-lui que l'inceste est interdit. »

C'était mon numéro de téléphone

Ce matin, la police a ôté les scellés et la femme de ménage a pu refaire la chambre. Deux jeunes Anglais prennent le soleil sur le balcon. Peut-être ont-ils suspendu leurs habits dans l'armoire ou bien, joyeux et désordonnés, ouvert leurs valises et jeté sur le lit maillots de bain, lingerie, tee-shirts, crèmes solaires.

Nous nous sommes réveillés au milieu de la nuit, Daniele était à cran.

« Je ne tiendrai pas jusqu'à demain sans manger, sortons.

– Mais il est cinq heures… »

Il m'a poussée hors de la chambre sans me laisser le temps de me changer, en me disant :

« Mets au moins une culotte… »

Athènes était enfin fraîche, mais imprégnée de la chaleur de la journée. Les rues émergeaient de leur nuit. Un camion poubelle achevait sa tournée. Daniele m'a entraînée dans des ruelles désertes, jusqu'à la pâtisserie où il prenait son petit-déjeuner avec son père. Un établissement historique d'Athènes. C'était fermé, il a fait le tour et s'est présenté à l'entrée de service. Deux employées écoutaient de la musique grecque en faisant frire des beignets et en préparant les pâtes à pain, à gâteau, à brioche. Adossés au mur près de la porte, nous avons attendu que ce soit cuit.

« Parfois, le matin, j'emmène ma fille chez notre boulanger à Dublin, et je lui fais pétrir la pâte. »

Il sort son téléphone.

« C'est elle… »

Je découvre une fillette mécontente, blonde, les yeux exorbités comme lui, mais le visage constellé de taches de rousseur.

« Comment est ta fille ?

– Très irlandaise, comme ma mère et la sienne.

– Comment sont les Irlandaises ? »

Il danse sur un pied.

« À la fois systématiques et complètement irrationnelles. Capables d'organiser une ferme modèle autour d'un fou et de monter une chaîne de magasins typiquement anglo-saxons où l'on trouve la plus pure huile toscane. Ma femme me critique sur tout et aime chez moi tout ce qu'elle critique. Aileen est pareille. Elle ne veut pas parler italien, mais quand nous sortons tous les deux, elle chantonne toujours la même comptine italienne que je lui ai apprise :

“Balle, petite balle/où t’en vas-tu/chez ma grand-mère/et que manges-tu/du pain lenlère…” Si je la prends dans mes bras, elle me repousse, c’est elle qui décide quand c’est le moment. Elle me regarde, me provoque, ne veut pas me donner raison. Je vis avec trois femmes très déterminées, concrètes, qui savent tout faire, mais qui soudain perdent toute assurance, ont peur et ne savent plus quoi faire. »

Il se frappe la poitrine.

« Et je suis là, prêt à intervenir. Leur boussole, quoi ! »

Il éclate de rire.

« Toi ? »

Il s’approche de moi.

« Oui, moi… Pour ma femme, je suis lunatique, ma mère a toujours peur que je devienne comme mon père, mais, à la première angoisse, elles se tournent vers moi, l’expert en complications intérieures. Aucun effort physique ne les effraie, mais elles paniquent dès que la petite est triste ou trop timide à l’école. Elles me disent : “Va voir la maîtresse, toi tu comprends ce qu’elle a.” C’est-à-dire les maux de l’âme, la difficulté de grandir, la peur. J’accepte mon rôle, je mets à profit mes souffrances d’enfant ! »

Une des pâtissières s’avance sur le seuil, nous parle en grec. Daniele, ravi, la suit à l’intérieur.

« Viens, les *loukoumádes* sont prêts ! »

Nous mangeons les beignets chauds et collants sur la petite place devant la pâtisserie, sur un banc que Daniele a chipé dans l'établissement encore fermé.

« Et tes enfants ? »

Je fouille dans mon sac, en essayant de ne pas mettre de l'huile partout. Je lui tends mon téléphone, c'est la dernière photo que j'ai faite avant de partir, dans le bateau que nous louons. De chaque côté de Giacomo, mes garçons sourient sans conviction.

« Lorenzo a huit ans et Alfio six. Ce sont les prénoms de leurs grands-pères. »

Il rit.

« Au moins je n'ai jamais eu ce problème. Quand nous attendions Aileen, ma mère m'a dit : "Si c'est un garçon et que tu lui donnes son nom, je ne l'appellerai jamais comme ça." »

Il lève les yeux vers moi.

« Comment sont-ils ?

– Lorenzo, les deux premières années, était un enfant content, paisible, puis son frère est né et il a changé. Maintenant il fait des histoires pour tout, il est hypersensible, perfectionniste, bon élève. Son petit frère le suit partout, veut tout ce qu'il a, mais est plus fort de caractère. »

Il regarde à nouveau la photo.

« Et le gynécologue, pourquoi l'as-tu épousé ?

– En voilà une question ! Qui peut dire pourquoi un homme vous plaît ! »

Il me regarde dans les yeux.

« Tu veux que je te le dise ? »

Je lui prends le téléphone des mains.

« Et puis quoi encore. »

Il me regarde, sourit et insiste.

« Je vais te dire pourquoi tu l'as épousé...

– Et comment pourrais-tu le savoir, alors que tu ne me connais que depuis quelques jours et que tu n'as jamais vu Giacomo ?

– Tu l'as épousé parce que vous ne supportez pas l'histoire dont vous êtes issus, lui, sa tribu calabraise bruyante, et toi...

– Et moi ?

– Tu me l'as dit toi-même, la nuit où je suis venu dans ta chambre.

– Tu y viens toutes les nuits, c'est une habitude chez toi... »

Il mâche en souriant.

« Ne me distrais pas, laisse-moi continuer... »

Il ferme les yeux.

« ... j'ai une vision... »

J'ai envie de rire.

« Sans blague ! »

Il se tourne vers moi.

« Alors... Caterina a rencontré cet homme intelligent, réservé, qui sait la prendre sans l'envahir. Un médecin, comme ceux qui l'ont remise sur pied ; mais celui-ci est différent, il soigne les femmes et fait naître les enfants. Elle a pensé avoir des enfants avec lui et, à travers eux, faire la paix avec ses deux mères, les réunir sur une même photo. »

Il me regarde, tout content. Je suis frappée par son résumé, mais je ne veux pas qu'il imagine avoir raison.

« Ma parole, tu es un véritable expert ! Elles ont raison tes femmes... »

Il continue :

« Mais là n'est pas le plus important...

– Je t'écoute.

– Le plus important, c'est que, en l'épousant, Caterina a bâillonné la petite fille fâchée, sauvage, rebelle d'autrefois. »

Un long silence. J'avale ma dernière bouchée de beignet. Il essuie avec son doigt le sucre au coin de ma bouche. Je le laisse faire. Il sourit.

« C'est pour cette raison que, j'ai beau t'énerver, tu me colles depuis que nous avons été convoqués ici par nos parents. »

Je ris.

« Moi, je te colle ?

– Oui... D'ailleurs c'est pour ça que tu me plais... »

J'essaie de brouiller les cartes.

« Pourquoi je te colle ? »

Il ne répond pas, et continue :

« Si j'étais un peintre comme Sebastiano, je ferais le portrait de cette petite fille : les cheveux en bataille, dégourdie, enfermée dans son enclos, elle regarde les moutons à l'horizon et décide que, le jour où elle sera assez forte pour grimper le talus, elle partira en rampant dans le vaste monde. »

Une pensée absurde me traverse : ma mère est morte pour me faire rencontrer cet homme. Je pose ma tête sur son épaule, il passe une main derrière mon dos, m'étreint. Il se penche sur ma bouche.

« Puis-je te donner un baiser fraternel au goût de *loukoumádes* ? »

Nous avons mêlé assez peu fraternellement nos langues et le sucre. Nous sommes restés enlacés sur le banc jusqu'au moment où les deux pâtissières ont relevé leur rideau de fer et que la place s'est remplie de touristes ensommeillés à la recherche d'un café et d'un beignet. Les premiers avaient été pour nous.

Nous sommes rentrés à l'hôtel en nous tenant par la main, sans rien dire, et je pensais : nous ferons l'amour tout de suite, dans ma chambre, cette fois je ne serai pas raisonnable. Je ne dirai rien à Giacomo, mais il le saura parce qu'il me connaît. Il l'a deviné avant moi, au téléphone. Il me quittera, il en aura le droit. Ou pas : il me pardonnera, je lui décrirai ce drôle de frère que j'ai trouvé sur ma route. Je n'ai jamais rien su des autres, ceux qui sont morts dans l'incendie.

Chez celui-ci, lui dirai-je, tout bouge tout le temps, le corps et l'humeur. Je m'énerve, l'éjecte de mon lit, il y remonte imperturbablement. Il disparaît, puis me réveille avec des chatouilles. Il veut aller à Patmos, puis il oublie. Ma vie croise la sienne à cause de nos parents, mais aussi parce que nous avons connu tous les deux la séparation et la maladie, lui l'a gardée à proximité – il est devenu un spécialiste de l'angoisse – moi je l'ai cachée, la colère au ventre, chaque jour de notre mariage réussi.

Je lui dirai qu'on meurt toujours parce que le cœur s'arrête, mais que ce n'est pas le dernier battement qui fait la différence. Nous devrions au contraire nous amuser à coller l'oreille sur les poitrines, comme lui sur celle de ses patients, et écouter sans crainte chacun des battements, qu'ils soient longs, éprouvants, heureux, lents ou précipités, qui précèdent le dernier.

Nous ne sommes pas allés dans ma chambre et n'avons pas fait l'amour. Sophia nous attendait devant l'hôtel accompagnée d'un homme qui s'appuyait sur une canne et semblait très âgé. Elle a tendu la main à Daniele, qui lui a donné la sienne sans la regarder, puis elle a désigné l'homme.

« Voici Yorgos, il a connu Maria et Sebastiano, c'est moi qui les lui avais présentés. »

Il portait ses cheveux blancs longs dans le cou comme un jeune homme, était coiffé d'une casquette bleu clair et vêtu d'un tee-shirt rayé tendu par son gros ventre rond. Rides et taches rouges lui dessinaient un second visage, ses yeux étaient noirs, vifs. Un patriarche habillé en marin.

Il a incliné la tête en nous serrant la main, il avait fait passer sa canne dans l'autre main et accompagné son geste d'une phrase. Sophia a continué sa présentation.

« Yorgos a quatre-vingt-dix ans. C'est le doyen des rescapés de la prison, il voulait vous rencontrer. »

Nous nous sommes regardés, aucun des deux n'avait envie de passer le peu de temps dont nous disposions avec un ancien combattant nostalgique, chargé d'histoires, d'épreuves et de souvenirs, uniquement parce qu'il avait connu nos parents. Il nous restait un tas de formalités à régler, et je n'avais toujours pas confirmé mon vol. Sans compter que nous voulions être seuls, tous les deux. Barrer encore un peu l'accès aux autres qui ne savaient rien ni de nous ni d'eux. Nous avions touché ensemble une zone secrète, avec lui je n'avais rien à prouver, je ne devais ni marcher normalement ni être la femme accomplie née une seconde fois de Graziella. Je boitais, n'étais pas sereine, me réveillais le matin avec l'envie de ramper dehors en quête de sensations. Plus encore, je m'en apercevais à présent, notre solitude m'attirait.

« Nous sommes très occupés, je veux partir demain », ai-je répondu à Sophia.

Daniele s'agitait, fébrile comme toujours, et soupirait.

« Nous en avons fini avec cette histoire, nous sommes las d'entendre des gens nous parler d'eux… »

Il s'était exprimé en italien pour ne pas se faire comprendre du vieil homme qui nous regardait en souriant.

Sophia lui a lancé un regard dur.

« Tu es pire que Sebastiano.

– Bien pire. Je suis carrément un sale type, alors que c'était un homme si calme, si aimable, qui ne s'emportait jamais. »

Le vieil homme est intervenu en grec. Il parlait lentement, comme en chantant. Daniele a traduit pour moi :

« Il dit qu'il sait faire un café spécial, il veut nous en offrir un chez lui. Moi je n'y vais pas, j'en ai rien à fiche de lui et de son café. »

Sophia a secoué la tête.

« Dis-le-lui toi-même puisque tu parles grec. Mais il faut que vous sachiez une chose : à leur retour de Patmos ou de l'endroit qui avait été leur destination, Maria et Sebastiano n'ont averti personne. Pour ma part, je n'en savais rien. Mais quelques jours avant de… »

Elle s'est arrêtée.

« … se tuer, a aussitôt complété Daniele.

– … ils étaient allés chez Yorgos. C'est moi qui lui ai appris la nouvelle ce matin. »

De nouveau nous avons échangé un regard.

« On n'y va pas, Caterina, que veux-tu qu'il nous dise ? Leurs doutes, dans quel état ils étaient, ce qu'il a pensé, ce qu'ils lui ont dit ? Nous en savons beaucoup plus long que lui de toute façon, il n'y a rien à découvrir… »

Le vieil homme est intervenu à nouveau, de sa voix lente et douce. Daniele l'écoutait et Sophia traduisait pour moi.

« Yorgos dit que s'il avait compris leurs intentions, il aurait téléphoné tout de suite… »

Le vieux a tiré de sa poche un papier froissé, il me l'a tendu d'une main tremblante. C'était mon numéro de téléphone, et l'écriture de ma mère.

Pour moi, c'est comme une chanson

Yorgos vit dans une seule pièce où il y a tout, sauf la salle de bains, aménagée sur un balcon fermé. C'est vaste. Sophia dit qu'un peintre y avait installé son atelier, c'est pour cette raison qu'elle les a amenés ici la première fois, Sebastiano cherchait un lieu pour peindre et l'immeuble comptait d'autres appartements semblables à louer. Pas de tableaux ici, mais des milliers d'objets et de photos. Le moindre recoin de bibliothèque, les meubles, table basse, bureau et jusqu'aux chaises, tout est submergé d'objets, livres, papiers, paquets de cigarettes. Des photos en noir et blanc de personnes mortes sont accrochées aux murs ou posées dans des cadres. Des amis, des camarades de détention, deux épouses aussi dont il est veuf. Tous photographiés jeunes, sauf son fils qui est vivant et fait à peine plus jeune que lui.

Près d'un réchaud bancal, Yorgos nous a préparé un café dans le *bríki* en nous expliquant que le secret de sa longévité tient à sa façon de le faire bouillir deux fois. Exactement comme je le prévoyais, il nous a raconté des épisodes de sa vie. En 1948, pendant la guerre civile, il a été interné dans l'île de Makronissos.

« Beaucoup se sont suicidés, d'autres sont devenus fous, traduit Sophia à mon intention. Ma première femme est morte de maladie et d'épuisement. Ils m'ont libéré à la fin des années cinquante. Après le coup d'État, les colonels m'ont renvoyé sur l'île de Gyaros, où j'ai connu Nikos. Je ne suis redevenu un citoyen libre qu'en 1974. Je me suis remarié, j'ai eu un fils, et j'ai recommencé à écrire dans les journaux. J'ai résisté et me voilà, toujours vivant. »

Il dose minutieusement l'eau, le café et le sucre, entrecoupant le récit de sa vie avec la recette du parfait *glykós*, bouilli et sucré.

Je comprends en voyant la précision avec laquelle il nous prépare le café pourquoi il a résisté à dix ans d'internement.

Sophia lance un regard inquiet au pied de Daniele, frappé d'agitation. Puis elle allume une énième cigarette, interrompant Yorgos :

« Les vieux parlent toujours et uniquement d'eux, de leurs actions héroïques, de leur savoir, de tout ce qu'ils ont vu et compris. C'est immanquable, rien ne les surprend plus. »

Daniele sourit d'un air sarcastique.

« À quoi ont servi toutes ces actions héroïques et tous ces morts ? Dans la situation où vous êtes aujourd'hui… »

Le silence tombe dans la pièce. Yorgos retire le *bríki* de la flamme, attend, puis le remet à bouillir. Il se tourne vers nous et, cette fois, de façon surprenante, s'exprime dans un italien lent mais correct.

« Excellente question. »

Sophia lui lance un regard ébahi.

« D'une certaine façon, la même que ton père m'a posée la dernière fois que je l'ai vu. »

Daniele se tait. Dans la pièce, on n'entend que le chuchotement du café qui bout.

« Je préfère parler en grec, je n'aime pas votre langue, on me l'enseignait à l'école, mais je la détestais. Sophia, s'il te plaît, traduis pour la fille de Maria. Nous nous sommes vus trois fois dans cette pièce avec ton père et ta mère. La première fois, ils sont venus avec Sophia visiter l'appartement. À eux aussi, je leur ai préparé le café. Ton père était attiré par les photos de mes camarades, celles qui avaient été prises dans les îles ou à la rédaction du journal. Ta mère me questionnait sur mes épouses. Parfois, je me sens Barbe-Bleue, lui ai-je dit. Sebastiano était très intrigué par la vie quotidienne dans les camps, nos occupations, nos pensées. Ta mère m'a demandé pourquoi je vis entouré de tant d'objets. Je lui ai répondu que je suis incapable de rien jeter. Je sens que les choses autour de moi sont comme les personnes que je n'ai plus. D'ailleurs, chez les vieilles gens, c'est comme ça. À leur mort, le grand travail des enfants est de tout jeter, de vider la maison. Ton père s'était passionné pour mes souvenirs et il est revenu me voir. La deuxième fois, il était très agité, il n'a pas voulu de café, il s'est assis et m'a demandé : tu as survécu à toutes ces souffrances, mais à quoi cela t'a-t-il servi ? tu vas bien maintenant ? Tu vois, ce n'est pas exactement la même question que toi, mais au fond si. »

Yorgos retire pour la deuxième fois le *bríki* du feu, attend quelques secondes, puis l'y remet, en remuant le café avec une petite cuillère.

Il s'adresse à Daniele :

« Nous avons vécu dans un pays divisé en deux, comme le vôtre, mais de manière plus dramatique. Il ne nous apparaissait jamais en entier. Et maintenant, pour la première fois, la faim nous unit. Mais je me suis toujours demandé, à chacune de nos défaites : quelle a été notre erreur ? Un exercice auquel je me livrais aussi en prison, parce que je n'aime pas me sentir une victime. De même que j'ai essayé toute ma vie de ne pas refaire les mêmes choses de la même façon, sauf le café. Et puis j'étais toujours poussé par une idée ou un sentiment, même ténu. Pour répondre à ton père ce jour-là, j'ai parlé de ce qui a été le plus difficile dans ma vie, c'est-à-dire revenir parmi les autres après mes deux détentions. »

Yorgos éteint le réchaud.

« On doit attendre quelques minutes avant de le servir. Il faut que je m'asseye, mes jambes ne résistent même plus le temps du café. »

Il se laisse tomber dans son fauteuil, entouré de piles de journaux.

« La façon dont on revient auprès de ceux qui ne savent pas est l'épreuve la plus rude pour s'accrocher à la vie. Ou pour la laisser aller. »

Yorgos lance un coup d'œil à Sophia.

« Que devez-vous raconter ou taire à ceux qui vous ont attendu, mais ne portent pas le même poids que vous ? Si vous échouez à dire ce que vous avez vu, l'obscurité et la solitude augmentent de jour en jour. Si vous ne parlez que de ça et que vous ne partagiez pas l'inconscience de ceux qui n'y étaient pas, même résultat, les autres s'ennuient et vous souffrez seul avec vos souvenirs. Au fond, c'est le cas pour tout le monde. L'être humain doit pouvoir vivre les deux situations, et c'est peut-être ça, la liberté. »

Il regarde à nouveau Sophia.

« Les femmes y parviennent mieux que les hommes, elles aiment les idées, mais aussi les petites choses de la vie, elles font les enfants et ont une grande capacité à s'oublier. Revenir parmi les autres, affronter les difficultés et les incompréhensions, c'est la clé pour survivre. Voilà ce que j'ai dit à ton père ce jour-là. »

Yorgos se lève péniblement et se retient à l'accoudoir pour récupérer sa canne par terre.

Il verse le café dans les tasses d'une main tremblante et avec la plus grande concentration. Je lui demande :

« Veux-tu que je t'aide ? »

Il me répond en italien :

« Non, je dois le verser moi-même, il faut y aller doucement. »

Je n'arrive pas à regarder Daniele, je vois ma mère assise sur le canapé avec le peintre à leur dernière visite ensemble, la troisième, celle que Yorgos ne nous a pas encore racontée.

Maintenant il demande quelque chose à Sophia qui se lève, prend le plateau et cherche un emplacement libre pour le poser, en maudissant toutes les âmes contenues dans les objets invraisemblables qu'il garde. Du bout de sa canne, Yorgos libère une petite table chargée de papiers. Il se laisse retomber dans son fauteuil. Sophia nous tend les tasses.

Le vieil homme m'observe pendant que je déguste son café, qui est bon, dense et sucré, complètement différent d'un expresso. Ce que je ne manque pas de lui dire.

« Ton café est un nectar.

– Qu'est-ce que le nectar ? me demande-t-il.

– Le liquide contenu dans les fleurs, avec lequel les abeilles font le miel. »

Yorgos acquiesce, prononce le mot en grec et puis lentement une phrase en grec que Sophia nous traduit.

« Le nectar et l'ambroisie : la nourriture des dieux… »

Il sourit.

« Mon café vous rendra immortels ou aussi vieux que moi. »

Daniele pose sa tasse sur une pile de livres et lui demande :

« Pourquoi sont-ils revenus te voir la dernière fois ? »

Yorgos le regarde, empoigne les accoudoirs éraillés du fauteuil.

Ils sont rentrés à Athènes. Graziella n'a pas pu appeler Sophia. Chaque jour il lui dit : « Nous n'avons besoin de personne, demain ça ira mieux. » Maintenant ils sont assis devant Yorgos. Elle a tellement changé, elle n'a plus l'énergie qui m'exaspérait quand j'étais jeune. Mais elle est venue chez Yorgos pour se battre. Elle lui dit :

« Sebastiano m'a expliqué qu'après ta détention, le plus dur a été de retourner parmi les autres… »

Elle a parlé la gorge nouée de sanglots. Yorgos sait qu'ils ne sont pas mariés et imagine qu'elle veut rentrer et tenter une réconciliation avec les deux familles.

« … raconte-moi comment tu as fait, je t'en prie, et répète-le-lui. »

Sebastiano est l'ombre de lui-même, elle lui prend la main, ils écoutent. Et Yorgos raconte :

« À mon premier retour, je passais mes matinées à pleurer et penser à ma femme qui n'avait pas connu la liberté et était morte dans mes bras. Puis je sortais, j'allais voir un ami cordonnier, Mikis, grand coureur de jupons. Il me racontait ses aventures dans les moindres détails. La forme des fesses et des seins de sa dernière conquête. Je me détestais, je me sentais coupable parce que j'avais de nouveau envie de faire l'amour avec d'autres femmes. Quand vous revenez, une part de vous aspire à se fermer. Le monde vous apparaît coupé en deux, eux d'un côté, vous de l'autre. Et vous avez envie de hurler : "Il n'y a pas de quoi rire, pauvres cons ! Vous ne voyez pas ? L'être humain est un dépotoir, capable de tout et n'importe quoi, de torturer et puis d'aller dîner tranquillement. Comment pouvez-vous ne pas voir l'horreur qui m'habite ?" »

Graziella se retourne vers Sebastiano comme pour lui dire :

« Il s'en est sorti, écoute… »

En suivant son regard, Yorgos sent qu'il y a peut-être autre chose à comprendre, mais elle lui pose une question :

« Nous avons des enfants, des petits-enfants. Sebastiano ne voit plus son fils, depuis de nombreuses années, depuis qu'il était petit. Nous

sommes responsables aussi pour eux… Vivre pour les autres, c'est une possibilité, non ? »

Alors il a répondu :

« Non, je ne crois pas. On peut les aimer parce qu'ils sont en vie… »

Et Sebastiano a murmuré :

« Qu'est-ce que ça veut dire être en vie ? »

Yorgos l'a regardé en silence, puis il a dit :

« Pour moi, c'est comme une chanson, vous la savez par cœur, elle vous semble stupide, toujours la même, tout le monde la connaît, mais quand il vous arrive de la chanter à nouveau, elle vous donne le frisson… »

Graziella et Sebastiano sont sortis enlacés.

Je bois la dernière goutte de son café dispensateur d'éternité, je vois mes enfants les yeux au sol qui cherchent le caillou pour leur grand-mère, Giacomo qui écarte son journal pour les regarder, Daniele enfant qui veut trouver à tout prix une petite pierre blanche à offrir à son père.

Je me tourne vers lui, comme ma mère vers le peintre. Il est assis à côté de moi, le regard perdu dans le vague.

Maintenant je dois poser une dernière question à Yorgos.

« C'est ce jour-là que ma mère t'a donné le papier avec mon numéro de téléphone ?

– Oui, mais je n'avais rien compris… Elle me l'a glissé dans la main sans se faire voir de lui, elle a chuchoté : “C’est le numéro de ma fille, je voudrais qu’elle vienne, je ne peux pas l’appeler maintenant, il ne veut pas, j’espère le convaincre… Si je ne me manifeste pas, appelle-la.”

« Comme un imbécile, j’ai attendu, j’ai pensé que vous vous étiez seulement disputées. »

La déesse aux doigts de rose

Je suis en route vers Salina. Je me suis promenée sur le pont, j'ai mangé un sandwich, bu une bière. Le ciel et la mer sont éclairés par la pleine lune. Des jeunes dorment dans des sacs de couchage comme sur tous les bateaux. Une fille consulte ses messages sur son téléphone. Un chien s'allonge ventre à l'air, le vent soulève son pelage. Je me serre dans mon pullover, il fait frais ici. Je soupèse dans ma tête ce que je relaterai à Giacomo et ce que je tairai. Je commencerai par la fin, l'étrange enterrement, au cimetière d'Athènes.

Après notre rencontre avec Yorgos, Sophia nous a proposé de les enterrer dans la tombe de Nikos. Mon père n'était pas d'accord, il aurait voulu lui apporter des fleurs le dimanche, jouer les veufs. Je l'ai appelé pour l'en informer.

« Nous avons décidé de les incinérer et de les laisser ici. Une amie de maman les accueille dans le caveau de son mari. C'est mieux ainsi, papa, il ne nous semble pas juste de les séparer. »

Il a cédé, nous avions le droit de décider pour eux.

Je raconterai à Giacomo l'étrange poignée de rescapés réunis autour de la tombe, Sophia, Yorgos, Philippos et nous deux, tenant leurs urnes. Nous les avons déposées à côté des cercueils de Nikos, de la première épouse de Yorgos et de deux autres de leurs camarades.

« C'est un bout de terre que nous avons acheté ensemble il y a longtemps, il n'y a pas de place pour deux autres tombes, mais pour des urnes oui. »

Je lui raconterai notre parcours du combattant dans les administrations pour faire comprendre aux employés que nous ne voulions plus les rapatrier en Italie. Sophia a été notre intermédiaire auprès de la bureaucratie grecque.

La recherche et l'achat des urnes dans un magasin près du cimetière : désirez-vous le modèle avec leur photographie sur le côté, la miniature de leur tête sculptée par un excellent artiste (il suffit de fournir deux photos et il les reproduit à l'identique) ou leurs mains entrecroisées (unis par-delà la vie) ? Mais peut-être, puisque vous êtes étrangers, voulez-vous des copies d'urnes grecques antiques, ornées des dieux de l'Olympe ou d'un héros, pourquoi pas Hercule, qui fut le premier à brûler le corps de son amant afin de rendre ses cendres à son père. Et ainsi de suite.

Nous sommes ressortis avec des urnes grises en fer, peu coûteuses, sous le regard déçu du vendeur. Le lendemain matin, nous les avons remises avec leurs noms à l'employé du crématorium qui, une trentaine de minutes plus tard, nous les a restituées pleines.

Je lui parlerai du texte que Sophia a récité tandis que les employés du cimetière refermaient la tombe. Il nous a émus, même si nous ne comprenions pas le sens des mots. Au restaurant de Philippos, où nous sommes allés boire un verre ensuite, Sophia nous l'a traduit de façon approximative :

« Voyez les fils portant dans leurs mains les dépouilles de leurs pères, nous en faisons don à Athènes pour transmettre leur mémoire et l'amour qu'ils ont trouvé ici… »

Daniele et moi avons échangé un regard. J'ai pensé que je parlerais à Giacomo de Yorgos, du papier avec mon numéro, de Daniele, de Graziella et Sebastiano à Patmos, des souvenirs de ma première vie ressuscités par la mort de ma mère.

Mais je ne lui parlerai pas de notre dernière nuit ensemble. Les jours précédents, nous avions été absorbés par des démarches pratiques, nous faisions en sorte de ne pas dîner seuls, nous allions nous coucher tôt. Le désir entre nous s'était éteint après notre visite à Yorgos. Pour nos parents, la conversation avec lui correspondait au début du compte à rebours vers cette soirée où ils étaient rentrés à l'hôtel, elle, son talon cassé à la main, et, lui, la tenant par le bras. Le sac de ma mère contenait les médicaments achetés à la pharmacie, Sebastiano ayant obtenu sans mal des ordonnances de calmants. Ou peut-être étaient-ils dans sa poche à lui.

Le dernier soir, j'ai préparé ma valise, donné les vêtements de ma mère à la femme de ménage polonaise, à l'exception de ceux que j'avais portés ces jours-ci. Daniele était dans sa chambre, nous avions rendez-vous pour le dîner. Au téléphone, j'ai répondu avec assurance aux questions de Giacomo, ma voix ne s'est pas brisée, je ne lui ai pas menti.

« J'ai très envie de rentrer.

– Et le fils de Sebastiano ?

– Cette histoire nous a fait sentir frère et sœur, je lui ai parlé de nous, des enfants, de ma première vie, et lui de sa femme et de sa fille. J'ai compris beaucoup de choses, entre autres sur nous…

– À savoir ? m'a-t-il demandé soupçonneux.

– Qu'on vit ensemble pour entrer dans la vie de l'autre, dans ses désirs, dans son histoire, puis qu'on essaie de les effacer. »

Il y a eu un silence, j'ai continué :

« La petite fille que j'étais dans ma première vie est difficile, taciturne, et ne se laisse pas apprivoiser aisément.

– Tu n'es pas qu'elle, et de loin… »

Il essayait à nouveau de rationaliser, d'être intelligent et logique.

« Si tu refuses qu'elle soit là elle aussi, ai-je répondu, je rendrai notre mariage impossible, je serai toujours irritable au réveil et m'endormirai fâchée et triste. Je suis capable de deviner beaucoup de choses dont je ne te parle pas, je le dois à ma première vie, la calamiteuse. Mais la vraie calamité, je l'ai compris ici, c'est se consacrer à une autre personne, mari, fille, amant, parce qu'on est incapable de rester avec soi-même ne serait-ce qu'une seconde et qu'on redoute de se sentir vide… Tu vois le studio d'artiste dans la ruelle qu'on emprunte toujours à Salina ? La porte est ouverte jour et nuit, le vent, la pluie, la chaleur transforment les meubles, le sol, les murs, personne n'y vit et pourtant on dirait que si…

– Nous y étions hier encore, les enfants se sont arrêtés sur le seuil et m'ont demandé comme d'habitude : qui habite ici ? Personne, leur ai-je répondu, et Lorenzo a dit : alors c'est à tout le monde.

– Oui, c'est à tout le monde… Et on ne doit pas ranger la pièce, faire le ménage, elle est là, se transforme, existe avant et après nous…

– Alors ce qu'on fait est inutile, on n'a qu'à tout laisser en l'état ?

– Au contraire, c'est à partir du moment où l'on s'aperçoit que la pièce est déjà là, déjà pleine, que nos actes prennent de l'importance. Ils n'ont pas vocation à remplir un espace vide, mais à profiter de ce qu'il contient… C'est peut-être parce que j'ai vécu deux vies aussi différentes et que j'ai vu la tristesse dans les deux, que je le ressens ainsi... »

Il ne disait plus rien, réfléchissait. J'ai changé de sujet :

« Ça s'est bien passé pour toi ces journées seul avec les enfants ?

– Oui, mais ils te réclament maintenant... *Nous* te réclamons. Il y a un proverbe calabrais que j'ai souvent entendu dans la bouche de ma tante Maria, dont le mari avait émigré en Allemagne : *Amara chira casa cu l'erva a ru scalune...*

– Ce qui signifie ?

– Triste maison que celle dont l'escalier est couvert d'herbes folles. »

Il m'attend dans la rue, devant l'hôtel. Il est plus élégant que d'habitude. Il a récupéré une chemise, peut-être dans la valise de son père, sa mèche blanche est coiffée en arrière. J'ai mis le pantalon avec lequel j'ai voyagé et mon dernier tee-shirt propre.

« Allons-y. »

Il me prend par la main comme une petite amie ou une camarade de classe.

« Où ? Manger au Pirée chez ton copain bedonnant ?

– Non, mais ledit copain bedonnant nous prête sa voiture. »

La banquette arrière de la voiture d'Alexandros est encombrée de caisses de bière et d'eau, de paquets de riz et de café. Ils font des stocks à cause de la crise.

Nous quittons la ville. Je ne lui demande pas notre destination, il ne me la donnerait pas, il aime me surprendre.

« J'ai revendu nos billets pour Patmos le double de leur prix, au dernier moment, à deux jeunes.

– Tu t'arranges encore pour y gagner…

– Je suis commerçant, ne l'oublie pas. »

Sur l'axe qui m'a amenée à Athènes, je vois les panneaux pour l'aéroport. Je me tourne vers lui, il conduit comme il vit, avec nervosité. Il pianote de temps en temps sur le volant. Je lui demande :

« On part en voyage ? »

Il me lance un regard et sourit.

« Ça te plairait ?

– Pourquoi pas.

– Tu n'as jamais trompé le gynécologue ?

– Non, je n'ai pas cherché d'occasions… Et toi ? »

Il hésite.

« Disons que non.

– Donc c'est oui. »

Le temps entre nous semble être reparti en arrière, nous nous posons des questions d'étrangers avec des sourires gênés. Les vies d'où nous venons ont repris leurs droits.

« Tu ne veux pas me dire où on va, c'est ça ?

– Bien sûr que si : comme des milliers de touristes tous les jours, nous allons admirer le coucher du soleil au cap Sounion, derrière les colonnes du temple de Poséidon. L'endroit des adieux aux bateaux quittant Athènes. »

Déçue, je regarde le soleil déjà bas.

« On arrivera à temps ?

– Oui, hélas. »

Nous sommes assis sur une pierre au sommet du promontoire. Autour de nous, une centaine de personnes regroupées au pied du temple, bras levé, photographient avec leurs téléphones le soleil rouge qui plonge dans la brume, puis dans la mer. En descendant de voiture, Daniele a pris un sac à dos sur la banquette arrière.

« Tu as quoi là-dedans ?

– Notre dîner. »

Je l'ai regardé, incrédule.

« Ici les restaus ne sont pas bons et bourrés de monde. Alexandros m'a donné des tomates, de la feta, des olives, du pain chaud, des gâteaux et du vin. »

En suivant la route vers le cap, je lui ai demandé pourquoi on se garait si loin du parking.

« Les touristes sortent tous en même temps après le coucher du soleil, quand le site ferme. Entre les voitures et les cars, ça fait de beaux bouchons. »

À droite du cap, des bateaux de toute sorte mouillent dans la baie et au loin, sur les plages, on aperçoit hôtels et restaurants. À gauche en revanche, une haute falaise tombe à pic dans la mer.

Suspendue dans le vide, la clôture du site longe les remparts antiques. La dernière parcelle de soleil disparaît, saluée par des exclamations ravies, tandis qu'un haut-parleur annonce la fermeture en grec et en anglais. Les touristes se dirigent en bon ordre vers la sortie, des fillettes nordiques sautent de pierre en pierre. Nous nous levons aussi.

« Je préfère l'aube au couchant », lui dis-je.

Il me sourit d'un air entendu.

« Moi aussi, en plus il n'y a pas grand monde qui se réveille pour la regarder. »

Il charge le sac sur son dos.

« Viens, laissons-les partir. La dernière lumière est belle… »

Nous gravissons les marches du temple ; près d'une colonne, nous contemplons la mer. Des maniaques prennent les ultimes photos, puis s'en vont.

Il ne reste plus personne. Daniele se retourne.

« Allons-y, les gardiens vont entamer leur ronde pour fermer. »

Devant nous, un sentier abrupt serpente entre les pierres et les arbustes brûlés par le soleil, avant de plonger vers la mer qu'on ne voit pas.

Soudain Daniele me prend par la main et s'élance au pas de course sur le chemin poussiéreux, m'entraînant à sa suite. Je trébuche.

« Que fais-tu ?

– Chut !

– Je ne peux pas courir comme ça… »

Je glisse, mais il me rattrape. Il ne répond pas, me serre la main dans un étau. Le sentier est de plus en plus raide. Je tombe, il me relève, ma jambe est douloureuse.

« Fais gaffe », m'ordonne-t-il.

Il recommence à courir, à me tirer par la main, à sauter de pierre en pierre. Je halète, incapable de parler, j'essaie seulement de ne plus trébucher. Il fait une pause sur une arête, dans un renfoncement au-dessus de l'à-pic. En bas, la mer frappe les rochers. Il s'assied, me force à en faire autant. J'ai la gorge nouée par la peur.

« Tu es fou ?

– Chut... On va attendre ici qu'ils ferment et on remontera après. »

Je suis excédée, je frictionne ma jambe sous mon pantalon.

« Tu aurais pu m'avertir.

– Tu ne m'aurais pas suivi. »

Je scrute la mer, les rochers à la verticale de nos pieds. Je regarde la petite banquette où nous sommes assis. Sa voix m'arrive de loin.

« Et puis ici on est seuls, dit-il avec un sourire. Tu disais bien que tu préférais l'aube ? »

Une part de moi souffle : *Crie !* L'autre : *Il veut juste te montrer cet endroit splendide sans touristes.*

Je respire sans le regarder. Plus haut, des pas et des voix s'éloignent, nous laissent avec le clapotis de la mer sur les rochers, les cris des mouettes, le vrombissement d'un avion perdu dans le ciel. Je lui demande de la voix le plus calme possible :

« Combien de temps faut-il attendre ?

– On remontera dès qu'il fera nuit, les gardiens ferment et les projecteurs du temple s'allument. »

Je me retourne, Daniele regarde vers le ciel.

« Tu es venu ici quand tu étais petit ?

– J'aurais bien voulu. Je me demandais toujours ce qu'il y avait au bout du sentier. »

Je plante mes yeux dans les siens :

« Tu veux dire que tu ne savais pas si nous trouverions un endroit pour nous asseoir ? »

Il me répond, sérieux :

« Je le supposais. Tu vois, la falaise n'est pas lisse jusqu'en bas, il y a des arbres, des buissons, des pierres. »

En réalité si, passé notre plateforme, elle est assez lisse. Daniele pose le sac, s'appuie à la renverse contre le rocher, les yeux tournés vers le ciel.

« Sais-tu qui s'est jeté d'ici ?

– Un ami à toi ? »

J'ai posé la question d'un air imperturbable.

Il rit.

« Pas à notre époque ! dit-il.

– Non, je ne sais pas. »

Je suis un peu en avant par rapport à lui, je sens son regard dans mon dos. Je m'adosse moi aussi contre le rocher, pour que nous soyons à la même hauteur.

« Tu es à moitié artiste, et tu ne sais pas ça... »

Il se moque de moi sans entrain.

« C'est dit, je suis ignorante, vas-y.

– Égée, le père de Thésée… Égée avait demandé à son fils de hisser une voile blanche sur son bateau s'il réussissait à tuer le Minotaure. Mais Thésée a oublié, il a laissé la voile noire, et son père s'est jeté d'ici. Une mort stupide pour un héros. »

La lumière sur les rochers et la mer est livide, mais des traces rouges s'attardent à l'horizon. Silence sur les hauteurs. Je lui dis :

« Remontons.

– Pas encore. S'ils nous voient, ils nous colleront une amende et nous ficheront dehors. »

Je calcule le temps qu'il me faudrait pour me lever et m'élancer sur le sentier.

« Tu n'es pas contente ? On s'installera au pied du temple, on mangera, on boira et on attendra l'aube ensemble. Un truc que personne ne fait…

– Ça, c'est sûr… »

Il rit.

« Tu as le vertige ? me demande-t-il.

– Non, et toi ?

– Oui. »

Je lui lance un regard. Le corps raide plaqué contre le rocher, il garde les yeux tournés vers le ciel.

« Tu ne peux pas regarder le vide ? C'est pour ça que tu t'es mis en retrait ?

– J'ai tellement envie de regarder en bas qu'il vaut mieux que j'évite. Si Aileen s'approche de la balustrade du balcon, je me sens mal, je dois la tirer en arrière.

– Je comprends pourquoi tu m'as amenée ici. »

Il se tourne lentement vers moi.

« Pourquoi ?

– Tu as peur et tu veux m'effrayer.

– Non, je cherchais un truc spécial pour notre dernière soirée. T'inviter à dîner me semblait vraiment banal.

– Il existe des initiatives intermédiaires entre dîner au restau et se percher de nuit sur l'à-pic d'où s'est jeté Égée. »

Il a un petit rire. Je continue :

« Tu ne veux pas que les autres te comprennent, c'est ça ? Tu fais toujours tout pour les étonner et les déconcerter. »

Il a fermé les yeux. En bas, l'eau est d'encre, les embruns giclent haut sur les rochers, le ciel est encore bleu sombre comme l'était la mer.

« Je ne veux pas finir comme mon père… »

Il l'a dit dans un souffle. Je le regarde : d'une main, il s'agrippe à une pierre. Comment ne l'ai-je pas compris plus tôt ? Il l'a peut-être pensé en d'autres occasions, mais à présent la menace est concrète. Je me mets debout.

« Ouvre les yeux. »

Il s'exécute lentement.

« Lève-toi.

– Non, j'ai peur…

– Fais-le. »

Il me regarde, secoue la tête.

« C'est dangereux...

– L'envie va peut-être te prendre de te jeter dans le vide et tu vas m'entraîner avec toi, c'est ça ? »

Ma voix est ironique, froide. Il me semble que j'ai survécu à l'incendie, à la maladie, aux opérations, aux efforts pour marcher, penser et parler, à la mort de ma mère, pour me trouver ici maintenant avec lui.

« Lève-toi et regarde en bas, avant que ce soit tout noir. »

Daniele se lève tout doucement, mais reste collé à la paroi, le regard au ciel.

Il me prend la main.

« Je ne peux pas...

– Essaie ! »

Il baisse le regard lentement et scrute le vide, en reculant un peu la tête.

« Alors ?

– C'est comme si quelqu'un me poussait... j'ai les jambes qui tremblent... une sensation à l'estomac... J'ai envie de me laisser tomber...

– Continue de regarder... »

Il balbutie :

« Quelqu'un me pousse par-derrière... l'envie est très forte... »

Je lui serre la main.

« Nos pieds sont immobiles sur la terre... Ils ne bougent pas, nous pouvons rester ici autant que nous le voulons, continue de regarder en bas, ne détourne pas les yeux… N'aie pas peur de toi… Tu ne le feras pas. »

Je sens sa respiration, sa main moite dans la mienne. Je lui murmure :

« On peut faire un pas en avant, si tu veux…

– Hé, pas de blague !

– Je disais ça comme ça… »

Il rit nerveusement.

« Mais essaie de ne pas bouger.

– J'ai les jambes qui tremblent… On s'en va ?

– Non, pourquoi ? On est bien ici… Attendons encore un peu.

– Mais, dans le noir, comment on verra le chemin pour remonter ?

– C'est le même en montée, on ne peut pas se tromper, il n'y en a pas d'autre… »

Et soudain, au-dessus de nous, comme en réponse à sa question, le temple s'est illuminé, éclairant notre refuge, la mer, l'à-pic. Sa lumière dorée s'étend sur tout comme celle d'un phare antique.

« Tu as vu, lui ai-je dit, comme lorsque tu allumais ta lampe dans ta chambre… Regarde, tout est toujours là : les rochers, la mer, les bateaux… »

Nous nous sommes tournés vers le temple et sommes remontés sans problème dans le sillage de sa lumière. Seuls, adossés à la base des colonnes, nous avons mangé et bu. La lune a surgi, la même que je vois en ce moment sur le bateau.

Je ne raconterai pas ce qui s'est passé entre nous cette nuit-là. Que nous ayons dansé, fait l'amour, parlé ou que nous soyons seulement restés enlacés en silence devant toutes les merveilles qui nous avaient été rendues, c'est notre secret. La déesse aux doigts de rose ne nous a pas trouvés endormis, nous l'attendions.

Remerciements

Une histoire ne semble achevée qu'après avoir rencontré le regard attentif de ses premiers lecteurs. Merci à Paola Gallo et Marco Peano avec qui j'ai vogué entre les lignes. Et merci à Susanna Zevi, pour ce livre et pour tous les autres.

Table

La terre désolée 15

Ils semblaient heureux 23

Le pommier a changé de couleur 40

La désirer avec modération 46

Un jour, ils se sont disputés 62

Ne te laisse pas emporter
par ton imagination 76

Dans le pré jaune, j'ai vu passer
des bêtes blanches 81

Je ne saurais pas te dire pourquoi 87

La même mort dans le cœur 94

Le fils du peintre est ici 109

L'odeur de leurs corps plane toujours 119

Le destin nous a réunis ici 128

Il n'avait pas bougé, ses yeux
étaient baignés de larmes 138

As-tu déjà vu plus belle catastrophe ? 149

Une nuit, elle est venue
et s'est mise à pleurer 169

C'est l'homme de sa vie 183

C'était mon numéro de téléphone 203

Pour moi, c'est comme une chanson 214

La déesse aux doigts de rose 224

Remerciements 241

la cosmopolite

Collection créée par André Bay
(Extrait du catalogue)

Kôbô ABÉ	*La femme des sables*
	La face d'un autre
	L'homme-boîte
Vassilis ALEXAKIS	*Talgo*
Jorge AMADO	*Tieta d'Agreste*
	La bataille du Petit Trianon
	Le vieux marin
	Dona Flor et ses deux maris
	Cacao
	Les deux morts de Quinquin-La-Flotte
	Tereza Batista
	Gabriela, girofle et cannelle
	La découverte de l'Amérique par les Turcs
	La boutique aux miracles
Maria Àngels ANGLADA	*Le violon d'Auschwitz*
	Le cahier d'Aram
Reinaldo ARENAS	*L'assaut*
Elisabeth ÅSBRINK	*1947*
Jo BAKER	*Une saison à Longbourn*
James BALDWIN	*Si Beale Street pouvait parler*
	Harlem Quartet
Elena BALZAMO (sous la dir. de)	*Masterclass et autres nouvelles suédoises*
Herman BANG	*Tine*
	Maison blanche. Maison grise
Julian BARNES	*Le perroquet de Flaubert*
	Le soleil en face
Jon BAUER	*Des cailloux dans le ventre*
Mario BELLATIN	*Salon de beauté*

Karen Blixen	*Sept contes gothiques*
Britta Böhler	*La décision*
Ivan Bounine	*Le monsieur de San Francisco*
André Brink	*Un turbulent silence*
	Une saison blanche et sèche
	Les droits du désir
Louis Bromfield	*La mousson*
Ron Butlin	*Appartenance*
Karel Čapek	*La vie et l'œuvre du compositeur Foltyn*
Dulce Maria Cardoso	*Le retour*
Raymond Carver	*Les vitamines du bonheur* suivi de *Tais-toi, je t'en prie* et *Parlez-moi d'amour*
Paolo Cognetti	*Les huit montagnes*
Gabriele D'Annunzio	*Terre vierge*
Robyn Davidson	*Tracks*
Kathryn Davis	*À la lisière du monde*
	Aux enfers
Federico De Roberto	*Les princes de Francalanza*
Lyubko Deresh	*Culte*
Anita Desai	*Un héritage exorbitant*
Karim Dimechkie	*Comme un Américain*
Tove Ditlevsen	*Printemps précoce*
Carmen Domingo	*Secrets d'alcôve*
Emma Donoghue	*Room*
	Égarés
	Frog Music
Jennifer Egan	*Qu'avons-nous fait de nos rêves ?*
	Le donjon
Monika Fagerholm	*La fille américaine*
	La scène à paillettes
Lygia Fagundes Telles	*Les pensionnaires*
Nona Fernandez	*La quatrième dimension*
Kjartan Fløgstad	*Grand Manila*
	Des hommes ordinaires
Tomomi Fujiwara	*Le conducteur de métro*
Claire Fuller	*Les jours infinis*
Horst Wolframm Geiszler	*Cher Augustin*

Alberto GERCHUNOFF	*Les gauchos juifs*
Margherita GIACOBINO	*Toutes nos mères*
Witold GOMBROWICZ	*Kronos*
	Les envoûtés
Robert GRAVES	*King Jesus*
Wendy GUERRA	*Tout le monde s'en va*
	Mère Cuba
	Poser nue à La Havane
	Negra
Farjallah HAÏK	*L'envers de Caïn*
	Joumana
Samantha HARVEY	*La mémoire égarée*
	La vérité sur William
Alfred HAYES	*In Love*
Mark HELPRIN	*Conte d'hiver*
Hermann HESSE	*Demian*
E.T.A. HOFFMANN	*Les élixirs du diable*
Nick HORNBY	*Funny Girl*
Yasushi INOUÉ	*Le fusil de chasse et autres récits,* édition intégrale des nouvelles de l'auteur publiées dans La Cosmopolite
	Histoire de ma mère
	Les dimanches de Monsieur Ushioda
	Paroi de glace
	Au bord du lac
	Le faussaire
	Combat de taureaux
	Le Maître de thé
	Pluie d'orage
	Histoire de ma mère
J.W. IRONMONGER	*Le génie des coïncidences*
	Sans oublier la baleine
Jens Peter JACOBSEN	*Niels Lyhne*
Henry JAMES	*L'autel des morts* suivi de *Dans la cage*
	Le regard aux aguets
Tania JAMES	*L'atlas des inconnus*
Eyvind JOHNSON	*Le roman d'Olof*
Ismaïl KADARÉ	*La ville sans enseignes*

Yoram Kaniuk	*Adam ressuscité*
	Confessions d'un bon Arabe
Jack Kerouac	*Maggie Cassidy*
Ken Kesey	*Vol au-dessus d'un nid de coucou*
Katie Kitamura	*Les pleureuses*
Rachel Kushner	*Les lance-flammes*
Pär Lagerkvist	*Le nain*
	Le bourreau
	Barabbas
Selma Lagerlöf	*L'anneau du pêcheur*
	Jérusalem en Terre sainte
	L'empereur du Portugal
Eduardo Lago	*Appelle-moi Brooklyn*
	Voleur de cartes
Timothy S. Lane	*Devenir une légende*
D.H. Lawrence	*Île, mon île*
Sinclair Lewis	*Babbitt*
Davide Longo	*L'homme vertical*
Amy Grace Loyd	*Le bruit des autres*
Luxun	*Le journal d'un fou*
Thomas Mann	*Tonio Kröger*
	La mort à Venise
Katherine Mansfield	*Nouvelles*
	Lettres
	Cahier de notes
Trude Marstein	*Faire le bien*
Ronit Matalon	*Le bruit de nos pas*
Predrag Matvejevitch	*Entre asile et exil*
Carson McCullers	*Le cœur est un chasseur solitaire* suivi de *Écrivains, écriture et autres propos*
	Le cœur hypothéqué
	Frankie Addams
	La ballade du café triste
	L'horloge sans aiguilles
	Reflets dans un œil d'or
Gustav Meyrink	*Le Golem*
Henry Miller	*Tropique du Capricorne*
	Un dimanche après la guerre
	Entretiens de Paris

	Virage à 80
	Tropique du Cancer suivi de *Tropique du Capricorne*
Henry MILLER / Anaïs NIN	*Correspondance passionnée*
Wu MING-YI	*L'homme aux yeux à facettes*
Natsu MIYASHITA	*Une forêt de laine et d'acier*
Antonio MONDA	*Le goût amer de la justice*
Vladimir NABOKOV	*Don Quichotte*
	Austen, Dickens, Flaubert, Stevenson
	Proust, Kafka, Joyce
	Gogol, Tourgueniev, Dostoïevski
	Tolstoï, Tchekhov, Gorki
Ramita NAVAI	*Vivre et mentir à Tehéran*
William NAVARRETE	*La danse des millions*
	En fugue
Nigel NICOLSON	*Portrait d'un mariage*
Anaïs NIN	*Les miroirs dans le jardin*
	Les chambres du cœur
	Une espionne dans la maison de l'amour
	Henry et June
	Journaux de jeunesse (1914-1931)
Joyce Carol OATES	*Eux*
	Bellefleur
	Blonde
	Confessions d'un gang de filles
	Nous étions les Mulvaney
	La Fille tatouée
	La légende de Bloodsmoor
	Zombi
	Les mystères de Winterthurn
	Marya, une vie
	Corky
Kenzaburo OÉ	*Une affaire personnelle*
Sofi OKSANEN	*Purge*
	Les vaches de Staline
	Quand les colombes disparurent
	Baby Jane
	Norma
O. HENRY	*New York tic-tac*

Robert PENN WARREN	*La grande forêt*
Julia PIERPONT	*Parmi les dix milliers de choses*
Jia PINGWA	*La capitale déchue*
Kevin POWERS	*Yellow birds*
	Lettre écrite pendant une accalmie dans les combats
Ruth PRAWER JHABVALA	*La vie comme à Delhi*
Lucia PUENZO	*L'enfant poisson*
	La malédiction de Jacinta
	La fureur de la langouste
	Wakolda
Midge RAYMOND	*Mon dernier continent*
Virginia REEVES	*Un travail comme un autre*
Erich Maria REMARQUE	*À l'ouest rien de nouveau*
	Cette terre promise
Thomas ROSENBOOM	*Le danseur de tango*
Vita SACKVILLE-WEST / Virginia WOOLF	*Correspondance*
Moshe SAKAL	*Yolanda*
Rebecca SCHERM	*Le passé aux trousses*
Arthur SCHNITZLER	*Madame Béate et son fils*
	La ronde
	Mademoiselle Else
	La pénombre des âmes
	Vienne au crépuscule
	Mourir
	L'étrangère
James SCUDAMORE	*La clinique de l'amnésie*
	Le dédale du passé
Mihail SEBASTIAN	*Journal (1935-1944)*
Kamila SHAMSIE	*Là où commencent et s'achèvent les voyages*
Isaac Bashevis SINGER	*Ennemies*
	Keila la Rouge
	La couronne de plumes et autres nouvelles
	La famille Moskat
	La mort de Mathusalem
	Les aventures d'un idéaliste et autres nouvelles inédites
	Le blasphémateur

	Le domaine
	L'esclave
	Le fantôme
	Le magicien de Lublin
	Le manoir
	Satan à Goray
	Shosha
Ersi SOTIROPOULOS	*Eva*
	Ce qui reste de la nuit
Muriel SPARK	*Le pisseur de copie*
Elena STANCANELLI	*La femme nue*
Saša STANIŠIČ	*Le soldat et le gramophone*
	Le soldat et le gramophone (théâtre)
	Avant la fête
Sara STRIDSBERG	*La faculté des rêves*
	Valerie Jean Solanas va devenir Présidente de l'Amérique (théâtre)
	Darling River
Junichiro TANIZAKI	*Deux amours cruelles*
Bilal TANWEER	*Le monde n'a pas de fin*
Rupert THOMSON	*L'église de Monsieur Eiffel*
Carl Frode TILLER	*Encerclement*
Léon TOLSTOÏ	*La mort d'Ivan Ilitch* suivi de *Maître et serviteur*
Ivan TOURGUENIEV	*L'abandonnée*
	Dimitri Roudine
	L'exécution de Troppmann et autres récits
	Le Roi Lear des steppes
B. TRAVEN	*Le visiteur du soir*
Magdalena TULLI	*Le défaut*
Anne TYLER	*Toujours partir*
	Le voyageur malgré lui
	Le déjeuner de la nostalgie
	Le compas de Noé
	À la recherche de Caleb
	Leçons de conduite
	Une autre femme
	En suivant les étoiles
	Les adieux pour Débutant

Fred Uhlman	*La lettre de Conrad*
	Il fait beau à Paris aujourd'hui
Sigrid Undset	*Olav Audunssøn*
	Kristin Lavransdatter
	Vigdis la farouche
	Printemps
Birgit Vanderbeke	*Le dîner de moules*
Mariapia Veladiano	*La vie à côté*
Ernst Emil Wiechert	*La servante du passeur*
Oscar Wilde	*Intentions*
	De profundis
	Nouvelles fantastiques
	Le procès d'Oscar Wilde
Christa Wolf	*Scènes d'été*
	Incident
	Trois histoires invraisemblables
	Cassandre
	Médée
	Aucun lieu. Nulle part
	Trame d'enfance
	Le ciel divisé
Jacqueline Woodson	*Un autre Brooklyn*
Virginia Woolf	*La chambre de Jacob*
	Au phare
	Journal d'adolescence
	Journal intégral (1915-1941)
	Instants de vie
	Orlando
Kikou Yamata	*Masako*
	La dame de beauté
Samar Yazbek	*Les portes du néant*
A Yi	*Le jeu du chat et de la souris*
Stefan Zweig	*Nietzsche*
	Vingt-quatre heures de la vie d'une femme
	Le joueur d'échecs
	La confusion des sentiments
	Amok
	Lettre d'une inconnue

Cet ouvrage a été composé
par Belle Page
et achevé d'imprimer en février 2018
par Grafica Veneta
pour le compte des Éditions Stock
21, rue du Montparnasse, 75006 Paris

PAPIER À BASE DE FIBRES CERTIFIÉES

Stock s'engage pour l'environnement en réduisant l'empreinte carbone de ses livres. Celle de cet exemplaire est de :
1,1 kg éq. CO_2
Rendez-vous sur www.editions-stock-durable.fr

Imprimé en Italie

Dépôt légal : avril 2018
N° d'édition : 01
45-08-7063/5